I0567104

# DISCLAIMER

The author and publisher are providing this book and its contents on an "as is" basis and make no representations or warranties of any kind with respect to this book or its contents. The author and publisher disclaim all such representations and warranties, including but not limited to warranties of merchantability. In addition, the author and publisher do not represent or warrant that the information accessible via this book is accurate, complete, or current.

Except as specifically stated in this book, neither the author nor publisher, nor any authors, contributors, or other representatives will be liable for damages arising out of or in connection with the use of this book. This is a comprehensive limitation of liability that applies to all damages of any kind, including (without limitation) compensatory; direct, indirect, or consequential damages; loss of data, income, or profit; loss of or damage to property; and claims of third parties.

**Copyright © 2022 LINGUAS CLASSICS**

# BESTACTIVITYBOOKS.COM

All rights reserved. No part of this book may be reproduced or used in any manner without the written permission of the copyright owner except for the use of quotations in a book review.

FIRST EDITION - Published 2022

Extra Graphic Material From: www.freepik.com
Thanks to: Alekksall, Starline, Pch.vector, Rawpixel.com, Vectorpocket, Dgim-studio, Upklyak, Macrovector, Stockgiu, Pikisuperstar & Freepik.com Designers

This Book Comes With Free Bonus Puzzles

Available Here:

**BestActivityBooks.com/WSBONUS20**

# 5 TIPS TO START!

## 1) HOW TO SOLVE

The Puzzles are in a Classic Format:

- Words are hidden without breaks (no spaces, dashes, ...)
- Orientation: Forward & Backward, Up & Down or in Diagonal (can be in both directions)
- Words can overlap or cross each other

## 2) ACTIVE LEARNING

To encourage learning actively, a space is provided next to each word to write down the translation. The **DICTIONARY** allows you to verify and expand your knowledge. You can look up and write down each translation, find the words in the Puzzle then add them to your vocabulary!

## 3) TAG YOUR WORDS

Have you tried using a tag system? For example, you could mark the words which have been difficult to find with a cross, the ones you loved with a star, new words with a triangle, rare words with a diamond and so on...

## 4) ORGANIZE YOUR LEARNING

We also offer a convenient **NOTEBOOK** at the end of this edition. Whether on vacation, travelling or at home, you can easily organize your new knowledge without needing a second notebook!

## 5) FINISHED?

Go to the bonus section: **MONSTER CHALLENGE** to find a free game offered at the end of this edition!

Want more fun and learning activities? It's **Fast and Simple!**
An entire Game Book Collection just **one click away!**

Find your next challenge at:

BestActivityBooks.com/MyNextWordSearch

# Ready, Set... Go!

Did you know there are around 7,000 different languages in the world? Words are precious.

We love languages and have been working hard to make the highest quality books for you. Our ingredients?

A selection of indispensable learning themes, three big slices of fun, then we add a spoonful of difficult words and a pinch of rare ones. We serve them up with care and a maximum of delight so you can solve the best word games and have fun learning!

-------

Your feedback is essential. You can be an active participant in the success of this book by leaving us a review. Tell us what you liked most in this edition!

Here is a short link which will take you to your order page.

## BestBooksActivity.com/Review50

Thanks for your help and enjoy the Game!

*Linguas Classics Team*

# 1 - Antiques

```
R  K  T  Z  C  F  E  Q  P  R  A  U  P  H
E  U  G  I  B  I  W  D  A  B  A  Y  A  G
S  A  A  B  D  T  K  W  T  T  U  O  P  Y
T  L  L  H  L  A  Q  O  U  V  T  E  E  X
O  I  E  I  B  R  K  C  N  I  O  K  R  M
R  T  R  Q  L  O  L  B  G  E  S  D  H  M
A  A  I  N  P  K  E  I  I  D  T  Q  I  M
S  S  M  L  L  E  L  E  A  A  G  R  A  H
I  K  E  W  S  D  A  H  L  K  S  A  S  G
F  R  B  M  X  A  N  S  I  E  U  A  A  M
U  N  E  J  O  U  G  E  N  D  G  Y  N  R
Y  Q  L  O  P  N  Q  N  P  A  M  A  F  U
Q  H  D  N  A  W  D  I  J  G  U  E  N  K
I  N  V  E  S  T  A  S  I  X  M  N  G  U
```

| | |
|---|---|
| SENI | INVESTASI |
| LELANG | PERHIASAN |
| ASLI | TUA |
| ABAD | HARGA |
| KOIN | KUALITAS |
| DEKADE | RESTORASI |
| DEKORATIF | PATUNG |
| ELEGAN | GAYA |
| MEBEL | TIDAK BIASA |
| GALERI | NILAI |

# 2 - Food #1

```
F X H Y L I V L P C H U Q B
E L J J N Q U H I E Y S H A
H N M U I U P R R I B T T W
W H S S G U L A C G G R U A
K I F I A L E J D N I O N N
U T L X N G N A C A K B A G
U U N L D A L A S M H E G X
X P K R C R M A M E U R I L
I G W K N A M U P K B I J O
J N D N O M E L Y R S U P B
S A W O R T E L S A I L F A
N W J N Q H S N Q U K K H K
B A Y A M Y E X X Q S P O I
B B Y C M P T M V L J U D T
```

| | |
|---|---|
| APRIKOT | KACANG |
| JELAI | PIR |
| KEMANGI | SALAD |
| WORTEL | GARAM |
| KAYU MANIS | SUP |
| BAWANG PUTIH | BAYAM |
| JUS | STROBERI |
| LEMON | GULA |
| SUSU | TUNA |
| BAWANG | LOBAK |

# 3 - Measurements

```
V A N A R Y G H N S X Y B S
N R Z C C O A P V R A B E L
A W G O F I Z M E L K F R M
M E N I T G R A M M A R A A
A L A O D G L O N N E E T S
L X J U T N V N Q O C T R S
A R N F Y I V S D H P E E A
D E A B Y T E O X J C M T R
E D P S K M M H L S V I E E
K I L O G R A M N U F T M T
D E S I M A L U H V M N O I
P X B C D E R A J A T E L L
T G M N L B K U Q G A S I W
W H I I C K V Z Y H H T K K
```

BYTE
SENTIMETER
DESIMAL
DERAJAT
KEDALAMAN
GRAM
TINGGI
INCI
KILOGRAM
KILOMETER

PANJANG
LITER
MASSA
METER
MENIT
ONS
TON
VOLUME
BERAT
LEBAR

# 4 - Farm #2

```
R U Y A M R U Y A S N B G J
J X I D R A H C R O V F U G
E E R T H I K E B E B O D T
E O L H B U P A K R U J A L
I D H A O E V C N O A A N L
O R E V I H E E B A H G G A
Q T O G A N D U M B N U G M
T Z P H M D P I K I P N E A
N R I I O O E R M N N G M U
K M A E S M T I C A E M B S
T G T K R B A G E T C S A U
S O N I T A N A S A L N L S
L E A C B O I S A N L P A U
X I N N D I R I X G M J C R
```

BINATANG          IRIGASI
JELAI             LLAMA
GUDANG            SUSU
BEEHIVE           ORCHARD
JAGUNG            DOMBA
BEBEK             GEMBALA
PETANI            TRAKTOR
MAKANAN           SAYUR-MAYUR
BUAH              GANDUM

# 5 - Books

```
G N A G N A L A U T E P K H
D A E E Q M T Z J R V X O I
P R P Z F J Q Z M A W Z N S
E A I S K E L O K G L I T T
M T K X B D J N D I W O E O
B O P E N U L I S S S X K R
A R H A L A M A N U A I S I
C B G M C N O V E L T R U S
A I N V E N T I F C I E C P
A R D I T U L I S E L L U U
A E T X B C S B N R A E L M
X S M S O B J N W I U V B T
Z K Y X A Q B E S T D A A B
B E G E C S W V C A Q N C G
```

PETUALANGAN
PENULIS
KOLEKSI
KONTEKS
DUALITAS
EPIK
HISTORIS
LUCU
INVENTIF
SASTRA

NARATOR
NOVEL
HALAMAN
PUISI
PEMBACA
RELEVAN
SERI
CERITA
TRAGIS
DITULIS

# 6 - Meditation

```
O  K  I  S  U  M  A  M  A  L  A  P  G  M
X  B  E  I  S  O  M  E  T  T  V  E  K  Y
H  A  H  B  N  H  Q  N  E  S  K  N  A  P
F  N  A  B  A  T  Y  T  N  Y  O  E  S  E
F  G  H  Z  R  H  N  A  A  U  B  R  I  R
I  U  L  B  I  M  A  L  N  K  N  I  H  H
T  N  S  O  K  T  K  G  G  U  A  M  S  A
K  E  B  A  I  K  A  N  I  R  A  A  A  T
E  L  L  K  P  L  R  S  I  A  S  A  Y  I
P  I  T  Z  J  K  E  G  X  G  A  N  A  A
S  I  G  C  Z  C  G  A  T  A  I  N  N  N
R  N  H  W  A  W  A  S  A  N  B  C  G  Q
E  K  E  J  E  L  A  S  A  N  E  C  S  P
P  K  E  S  U  N  Y  I  A  N  K  Y  A  O
```

PENERIMAAN          WAWASAN
PERHATIAN           KEBAIKAN
BANGUN              MENTAL
TENANG              PIKIRAN
KEJELASAN           GERAKAN
KASIH SAYANG        MUSIK
EMOSI               ALAM
SYUKUR              PERSPEKTIF
KEBIASAAN           KESUNYIAN
KEBAHAGIAAN

# 7 - Days and Months

```
S E P T E M B E R C W G M J
P J H E Y N O V E M B E R A
Y N V R O I O K T O B E R N
L P B A F N T A H U N I C U
G Z N M R E D N E L A K W A
H S D V P S B Q R O S Y R R
M Y Y A H F O R Y S J A M I
M U N G K I N A U M P Q I K
B T A J W L W G Q A K E N A
I B L R U U U L S R J G M
I A U A A J U S I A T I G I
U S B B F B E T Y L R B U S
J U M A T R U U J E L Q I G
A P R I L U Q S J S C O G B
```

APRIL                    BULAN
AGUSTUS                  NOVEMBER
KALENDER                 OKTOBER
FEBRUARI                 SABTU
JUMAT                    SEPTEMBER
JANUARI                  MINGGU
JULI                     KAMIS
MARET                    SELASA
MUNGKIN                  RABU
SENIN                    TAHUN

# 8 - Energy

```
I  T  D  B  A  T  E  R  A  I  E  K  Z  O
A  N  F  O  T  O  N  O  J  Q  F  W  W  Q
N  N  D  D  P  L  J  T  P  M  E  S  I  N
F  C  G  U  I  F  G  O  A  R  M  L  J  T
R  S  P  I  S  E  O  M  N  G  U  Y  L  E
A  A  T  O  N  T  S  N  A  T  S  Z  I  R
K  A  R  B  O  N  R  E  S  O  E  H  N  B
A  Y  I  X  T  W  H  I  L  W  N  I  G  A
B  D  L  T  U  D  C  Z  T  J  T  D  K  R
N  S  K  I  R  T  S  I  L  K  R  R  U  U
A  A  U  T  B  G  Y  V  W  Y  O  O  N  K
H  E  N  A  I  S  U  L  O  P  P  G  G  A
A  I  N  D  N  I  S  N  E  B  I  E  A  N
B  E  L  E  K  T  R  O  N  W  Z  N  N  S
```

| | |
|---|---|
| BATERAI | PANAS |
| KARBON | HIDROGEN |
| DIESEL | INDUSTRI |
| LISTRIK | MOTOR |
| ELEKTRON | NUKLIR |
| MESIN | FOTON |
| ENTROPI | POLUSI |
| LINGKUNGAN | TERBARUKAN |
| BAHAN BAKAR | TURBIN |
| BENSIN | ANGIN |

# 9 - Chess

```
B  Z  R  P  D  F  I  K  F  Y  I  S  X  D
F  X  X  A  E  O  N  N  I  O  P  T  N  K
L  C  A  L  J  R  F  A  A  K  W  R  A  O
F  F  I  D  S  A  M  W  E  A  A  A  N  N
N  A  G  N  A  T  N  A  T  I  K  T  A  T
D  I  A  G  O  N  A  L  I  A  T  E  B  E
P  H  H  M  N  M  Z  W  I  N  U  G  R  S
U  V  T  T  E  P  B  C  Z  R  A  I  O  T
T  R  E  X  M  R  E  B  K  A  R  N  G  M
I  N  J  U  A  R  A  M  A  T  I  H  N  B
H  O  I  X  N  A  V  J  A  U  G  I  E  Y
Y  T  N  A  R  U  T  A  F  I  S  A  P  N
L  E  U  O  U  T  D  U  H  E  N  Y  Q  U
L  G  S  X  T  C  E  R  D  I  K  E  K  B
```

| | |
|---|---|
| HITAM | PEMAIN |
| TANTANGAN | POIN |
| JUARA | RATU |
| CERDIK | ATURAN |
| KONTES | PENGORBANAN |
| DIAGONAL | STRATEGI |
| PERMAINAN | WAKTU |
| RAJA | TURNAMEN |
| LAWAN | PUTIH |
| PASIF | |

# 10 - Archeology

```
K  I  L  E  R  N  A  K  A  P  U  L  I  D
M  E  P  R  U  A  Y  E  Q  E  R  V  M  T
Y  N  T  D  Z  M  M  J  O  N  U  K  I  U
K  A  H  U  M  A  E  B  Z  E  K  O  S  L
T  U  M  N  R  Z  C  O  T  L  B  F  T  A
W  M  I  L  T  U  Q  K  I  I  F  O  E  N
U  E  P  L  H  P  N  L  M  T  H  S  R  G
M  T  X  Q  T  X  O  A  N  I  F  I  I  G
A  N  A  L  I  S  I  S  N  C  W  L  C  U
K  Y  Z  W  L  V  I  S  A  U  L  A  V  E
A  S  K  A  K  O  U  Q  O  H  A  G  R  C
M  P  E  R  A  D  A  B  A  N  L  B  V  Q
J  A  M  A  N  D  A  H  U  L  U  I  X  L
E  D  X  Z  D  I  K  E  T  A  H  U  I  P
```

| | |
|---|---|
| ANALISIS | DILUPAKAN |
| KUNO | FOSIL |
| JAMAN DAHULU | MISTERI |
| TULANG | OBJEK |
| PERADABAN | RELIK |
| KETURUNAN | PENELITI |
| ZAMAN | TIM |
| EVALUASI | KUIL |
| AHLI | MAKAM |
| TEMUAN | DIKETAHUI |

# 11 - Food #2

```
R A P E L C E A G T C K Y W
P E M J G P D K Z R E E O G
J K J F E T G T V V R J G I
T O M A T V N A W K I U H D
R H A R P V O L N V S H U A
X C H A P P R K H D R Y R J
R I E P Y Y E O B W U B T M
U T M P M A T C X U L M N T
G R U M A J M S E L E D R I
G A M D C V Y E Z K T K V F
N P I S A N G I L O K O R B
A A D V E G S K S K H B O Y
P U S X J U S A I K S U Y B
O T K I I Z N N F N K I W I
```

APEL
ARTICHOKE
PISANG
BROKOLI
SELEDRI
KEJU
CERI
AYAM
COKLAT
TELUR

TERONG
IKAN
ANGGUR
HAM
KIWI
JAMUR
NASI
TOMAT
GANDUM
YOGHURT

# 12 - Chemistry

```
I  E  G  X  F  J  S  M  W  V  G  M  K  E
K  H  K  A  N  C  U  H  N  P  A  I  N  N
K  B  E  U  S  R  H  N  C  I  R  F  B  Z
N  P  I  R  H  A  U  C  H  T  A  K  J  I
L  U  K  E  L  O  M  O  T  A  M  A  K  M
N  U  K  I  N  A  G  R  O  R  U  T  O  M
O  E  W  L  O  K  S  I  G  E  N  A  L  T
R  F  G  U  I  C  F  B  P  B  H  L  T  W
T  Y  N  O  B  R  A  K  A  K  D  I  Q  G
K  C  I  K  R  Z  E  O  N  O  Q  S  V  G
E  I  H  T  M  D  F  B  A  C  A  I  R  H
L  Z  K  L  O  R  I  N  S  H  Z  G  A  S
E  R  Z  Z  X  E  I  H  W  S  S  H  B  N
A  L  K  A  L  I  N  E  F  I  Y  R  B  X
```

| | |
|---|---|
| ASAM | HIDROGEN |
| ALKALINE | ION |
| ATOM | CAIR |
| KARBON | MOLEKUL |
| KATALIS | NUKLIR |
| KLORIN | ORGANIK |
| ELEKTRON | OKSIGEN |
| ENZIM | GARAM |
| GAS | SUHU |
| PANAS | BERAT |

# 13 - Music

```
B  J  N  A  V  M  H  W  U  N  X  M  S  Q
L  E  O  Y  H  I  E  A  K  L  A  S  I  K
K  V  R  Q  Y  G  D  N  R  A  H  A  R  D
L  O  S  I  T  I  U  P  Y  M  Q  M  I  Q
A  C  T  F  R  K  K  L  M  A  O  L  L  A
A  L  B  U  M  A  I  Z  K  R  N  N  A  B
M  M  U  Z  V  N  M  K  X  I  U  Y  I  L
I  U  I  N  O  M  R  A  H  F  G  F  I  K
K  S  D  A  P  E  N  Y  A  N  Y  I  P  I
R  I  R  M  E  L  O  D  I  V  O  K  A  L
O  K  I  A  O  P  E  R  A  L  K  K  M  F
F  A  B  K  E  K  L  E  K  T  I  K  A  O
O  L  B  E  M  U  S  I  S  I  R  Z  R  W
N  F  H  R  B  A  L  A  D  A  Y  H  E  M
```

| | |
|---|---|
| ALBUM | MUSISI |
| BALADA | OPERA |
| KLASIK | PUITIS |
| EKLEKTIK | REKAMAN |
| HARMONIK | IRAMA |
| HARMONI | BERIRAMA |
| LIRIS | MENYANYI |
| MELODI | PENYANYI |
| MIKROFON | VOKAL |
| MUSIKAL | |

# 14 - Farm #1

```
B  S  I  W  T  B  K  D  O  Y  P  S  S  K
E  I  A  X  X  E  G  Q  B  V  U  A  D  U
N  T  D  J  C  N  O  S  I  B  P  Y  I  D
E  E  E  A  Z  I  A  C  J  T  U  A  J  A
R  B  L  V  N  H  A  B  E  L  K  N  E  L
S  Q  E  K  A  G  A  G  N  R  S  G  R  G
R  M  K  H  A  N  E  T  S  C  A  C  A  J
N  H  S  P  U  Y  J  N  T  N  P  G  M  A
A  I  R  P  V  U  A  I  D  Y  I  B  I  O
K  A  M  B  I  N  G  M  N  P  A  G  A  R
K  U  C  I  N  G  C  H  B  G  C  K  H  Q
P  E  R  T  A  N  I  A  N  J  K  W  C  W
E  K  W  V  M  L  H  M  Z  W  Y  B  D  J
N  I  S  D  E  Z  N  A  S  I  W  N  Q  H
```

| | |
|---|---|
| PERTANIAN | PAGAR |
| LEBAH | PUPUK |
| BISON | BIDANG |
| BETIS | KAMBING |
| KUCING | JERAMI |
| AYAM | SAYANG |
| SAPI | KUDA |
| GAGAK | NASI |
| ANJING | BENIH |
| KELEDAI | AIR |

# 15 - Camping

```
A G G N A R E S L B Y T N B
T L U E P P E T A E K O G I
L E A C I F M Y W R O P L N
R C N M O U D M D B M I O A
K I N D N T A L I U P W K T
O V J L A M U W K R A A Y A
D D C Q K Z C B L U S N N N
P O H O N S S P W G T I A G
P E R A L A T A N U Q E L D
P J I S B E R J I N A T U H
F C V U E F Q D B U H H B G
F H N T R R R V A N F O Y K
N F Y C N W Y M K G G G F C
P E T U A L A N G A N J T X
```

PETUALANGAN         SERANGGA
BINATANG            DANAU
KABIN               PETA
KANO                BULAN
KOMPAS              GUNUNG
PERALATAN           ALAM
API                 TALI
HUTAN               TENDA
TOPI                POHON
BERBURU

# 16 - Algebra

```
N E S N F V C Y P J R S V W
A K S A V R O M O N U M A K
G S O H L N A H R N M A R M
N P L A D A Q K K O U S I A
A O U B P A H W S L S A A T
R N S M K M W W I I Y L B R
U E I A M A R G A I D A E I
G N J T W S O N D E M H L K
N R U L G R T U T O N Y B S
E T A K C E K R A E N I L H
P G H F X P A U N O D Q H K
G R Q Q I A F K O Q P H P X
D C U S O K D I V I S I Q W
T A K T E R B A T A S I A N
```

| | |
|---|---|
| TAMBAHAN | TAK TERBATAS |
| DIAGRAM | LINEAR |
| DIVISI | MATRIKS |
| PERSAMAAN | NOMOR |
| EKSPONEN | KURUNG |
| FAKTOR | MASALAH |
| SALAH | SOLUSI |
| RUMUS | PENGURANGAN |
| FRAKSI | VARIABEL |
| GRAFIK | NOL |

# 17 - Numbers

```
D D E S I M A L D D D T S O
E Q X P S E Q O E U U U E S
L I P N A J O N L A A J M E
A D U A L N M S A P B U B B
P M A N E N I G P U E H I E
A G I T B T H H A L L B L N
N M W L A G U Q N U A E A A
B S D Z G U L J E H S L N M
E R D R I A U N U M U A M B
L K A E T Q P K V H P S X E
A W S O L C E O P X K A U L
S M D V E K S U G S K G T A
L I M A B E L A S J D R A S
A F T E M P A T B E L A S Z
```

| | |
|---|---|
| DESIMAL | TUJUH BELAS |
| DELAPAN | ENAM |
| DELAPAN BELAS | ENAM BELAS |
| LIMA BELAS | SEPULUH |
| LIMA | TIGA BELAS |
| EMPAT | TIGA |
| EMPAT BELAS | DUA BELAS |
| SEMBILAN | DUA PULUH |
| SATU | DUA |
| TUJUH | NOL |

# 18 - Spices

```
V Q Y L M K A G U N V B P Y
R A S A A U F N H S Z A A R
G Q E L N N E A I T D W H G
I U S I I Y N W O S L A I A
K R C N S I U A P P E N T R
M A M A G T G B Q L H G R A
G B Y V U H R S A L A P J M
M M K U S Y E P X N J U I G
Y U L O M T E C A B P T N I
E T N I R A K O G P E I T R
L E J N P T N Z W Q R H E O
N K D Z O V K I L P H I N Y
K A P U L A G A S P D U K B
A D A S C E N G K E H C K A
```

| | |
|---|---|
| ANISE | RASA |
| PAHIT | BAWANG PUTIH |
| KAPULAGA | JAHE |
| KAYU MANIS | PALA |
| CENGKEH | BAWANG |
| KETUMBAR | PAPRIKA |
| JINTEN | KUNYIT |
| KARI | GARAM |
| ADAS | MANIS |
| FENUGREEK | VANILA |

# 19 - Universe

```
G A R I S L I N T A N G A I
Y W N T E L E S K O P A S D
L I L A S T E R O I D S T C
Z T T A S G P S B M U T R F
W S O O N A L U B U L R O H
S I O T Q G U N S B S O N I
O L R N R D I S I N T N O X
L U B K N K C T O A E O M G
S T I J O R J M M H R M I A
T A T Z S S L V F A L J O L
I H H X I Q M D M L I X G A
C K R X R Z Y I B E H W U K
E F M E O N O W K B A Q G S
M Q Z K H S U R Y A T S G I
```

ASTEROID
ASTRONOM
ASTRONOMI
SUASANA
KOSMIK
EON
KHATULISTIWA
GALAKSI
BELAHAN BUMI

HORISON
GARIS LINTANG
BULAN
ORBIT
LANGIT
SURYA
SOLSTICE
TELESKOP
TERLIHAT

# 20 - Mammals

```
H H G Y K U C I N G K C T A
K A N G U R U Q H N U K Z N
C B A L I R O G I E D Z B J
L U R B Q Y W V K T A E Z I
Q R E L M U E U R N X B K N
U G B W A O H A J A G R E G
H W G L L C D S W B M A L C
S I N G A J E R A P A H I G
U X A N G E T E Y N O M N S
A Q R A I Y O R G N P F C K
P T E U R O Y Y Q J J E I V
S Z B R E I O P S V I N E P
E K B E S H C O T N F F O Q
V T A B M U L A B M U L H W
```

| | |
|---|---|
| BERUANG | GORILA |
| BERANG-BERANG | KUDA |
| BANTENG | KANGURU |
| KUCING | SINGA |
| COYOTE | MONYET |
| ANJING | KELINCI |
| LUMBA-LUMBA | DOMBA |
| GAJAH | PAUS |
| RUBAH | SERIGALA |
| JERAPAH | ZEBRA |

# 21 - Bees

```
Q P A S A J Z Q X Q R E B S
M E S A R A N G I K P K E E
M R B U A H Z W G U V O R R
A B K W N U B E K B Q S M B
K E F M A T A H A R I I A U
R D F M N S A G A E P S N K
X A O G A A F K G Y D T F S
E A K M K Y B A U N R E A A
B N P E A A M W X E A M A R
N U Y F M N R A U P R R T I
E S N Y J G A N I L I L E C
P S I G Z Y T A Y S S O W S
H X O D A G U N A M A N A T
H A B I T A T R Y J P Z F L
```

BERMANFAAT
MEKAR
PERBEDAAN
EKOSISTEM
BUNGA
MAKANAN
BUAH
KEBUN
HABITAT
SARANG

SAYANG
SERANGGA
TANAMAN
SERBUK SARI
PENYERBUK
RATU
ASAP
MATAHARI
KAWANAN
LILIN

# 22 - Photography

```
T E K S T U R K L O G E J L
V D O D A J S S A R T N O K
I E B S N H U B N M T M K K
S F J R P B B A R L E H U O
U I E Y S R J Y A A R R X M
A N K S R B E A W T T U A P
L I F J P I K N F R O Z F O
P S Q L W N L G U Y P A B S
A I E G T G Q A J X W T F I
M A T I H K C N J U E M O S
E N A A Y A H A C N E P R I
R N R M V I O E Z F A Q M Z
A M O N M E L I H A T W A O
N A K K A N U L E M X A T A
```

| | |
|---|---|
| HITAM | PENCAHAYAAN |
| KAMERA | OBJEK |
| WARNA | POTRET |
| KOMPOSISI | BAYANGAN |
| KONTRAS | MELUNAKKAN |
| DEFINISI | SUBJEK |
| PAMERAN | TEKSTUR |
| FORMAT | MELIHAT |
| BINGKAI | VISUAL |

# 23 - Weather

```
M S V B R T N W N M C Y O T
H F A P J R R G N A N E T V
Q U V K H W W K N A W A N H
P A I Y N T R O P I S Z G K
E N B C R I J N A B R Z U U
S G H N A G N I R E K E K T
I I J C N N H W I B Z R K U
K N W Y A A L O T M A E Z B
L Y I M S L U G E E U D R E
I T U B A K X P P L W S A F
M W H F U P E L A N G I I I
D P U E S G U N T U R T O M
W Y S L F X C T O R N A D O
C I X K G D W P X C J Y V Z
```

| | |
|---|---|
| SUASANA | MUSIM |
| TENANG | KUTUB |
| IKLIM | PELANGI |
| AWAN | LANGIT |
| KEKERINGAN | BADAI |
| KERING | SUHU |
| BANJIR | GUNTUR |
| KABUT | TORNADO |
| ES | TROPIS |
| PETIR | ANGIN |

# 24 - Adventure

```
J  H  W  B  I  S  A  G  I  V  A  N  K  K
N  A  I  N  A  R  E  B  E  K  N  A  E  E
A  T  D  C  B  B  X  O  C  C  T  L  C  S
U  T  E  W  R  A  I  S  E  P  U  A  A  U
J  D  V  M  A  R  R  E  H  X  S  M  N  L
U  Z  Y  P  A  L  A  U  D  O  I  W  T  I
T  X  E  O  Z  N  R  C  R  C  A  P  I  T
K  E  A  M  A  N  A  N  T  V  S  H  K  A
A  K  T  I  V  I  T  A  S  N  M  O  A  N
V  C  X  N  A  P  A  I  S  R  E  P  N  N
K  N  U  A  L  T  A  N  T  A  N  G  A  N
P  E  L  U  A  N  G  B  I  K  E  Q  I  K
K  E  G  E  M  B  I  R  A  A  N  P  A  D
X  U  Z  Y  B  E  R  B  A  H  A  Y  A  V
```

| | |
|---|---|
| AKTIVITAS | TEMAN |
| KECANTIKAN | JADWAL |
| KEBERANIAN | KEGEMBIRAAN |
| TANTANGAN | ALAM |
| BERBAHAYA | NAVIGASI |
| TUJUAN | BARU |
| KESULITAN | PELUANG |
| ANTUSIASME | PERSIAPAN |
| PESIAR | KEAMANAN |

# 25 - Circus

```
I  R  P  G  A  D  N  E  T  M  P  J  B  M
T  I  K  E  T  K  L  B  L  U  E  U  B  O
L  H  G  D  Z  P  R  S  R  S  R  G  R  N
B  I  M  A  I  E  U  O  Y  I  M  G  F  Y
W  S  I  R  F  S  B  G  B  K  E  L  K  E
S  F  C  A  V  U  I  Z  V  A  N  E  D  T
G  Y  U  P  G  L  H  O  V  L  T  R  A  F
S  I  N  G  A  A  G  N  U  G  A  J  A  H
B  A  L  O  N  P  N  O  T  N  O  N  E  P
W  F  A  Q  O  T  E  B  K  O  S  T  U  M
D  C  V  Y  W  H  M  R  A  G  Q  P  N  X
B  I  N  A  T  A  N  G  P  D  J  Z  J  B
H  A  R  I  M  A  U  N  G  W  U  K  Y  I
S  P  E  K  T  A  K  U  L  E  R  T  E  Y
```

| | |
|---|---|
| AKROBAT | SIHIR |
| BINATANG | PESULAP |
| BALON | MONYET |
| PERMEN | MUSIK |
| BADUT | PARADE |
| KOSTUM | SPEKTAKULER |
| GAJAH | PENONTON |
| MENGHIBUR | TENDA |
| JUGGLER | TIKET |
| SINGA | HARIMAU |

# 26 - Restaurant #2

```
G  A  C  K  A  E  I  M  A  R  A  G  X  A
S  E  N  D  O  K  S  M  M  B  J  H  W  I
K  O  A  Z  V  M  H  A  U  B  X  O  C  R
I  Y  K  V  W  A  Q  K  P  Y  R  D  G  X
S  K  I  B  N  L  U  A  R  O  I  G  M  O
R  U  S  Z  M  A  N  N  A  M  U  N  I  M
U  J  P  A  S  M  M  S  G  T  E  L  U  R
K  O  T  U  L  N  S  I  S  L  I  T  R  G
L  V  D  I  E  A  S  A  A  O  L  S  U  A
S  X  V  K  I  K  D  N  Y  W  E  N  J  G
P  E  L  A  Y  A  N  G  U  S  Z  R  D  M
Q  U  S  O  W  M  H  F  R  Y  A  X  T  X
Q  U  C  C  Y  B  A  T  A  O  T  J  X  P
B  K  E  P  P  H  L  M  N  Q  Z  K  U  E
```

| | |
|---|---|
| MINUMAN | MAKAN SIANG |
| KUE | MIE |
| KURSI | SALAD |
| LEZAT | GARAM |
| MAKAN MALAM | SUP |
| TELUR | SENDOK |
| IKAN | SAYURAN |
| GARPU | PELAYAN |
| BUAH | AIR |
| ES | |

# 27 - Geology

```
F  L  V  S  H  M  G  N  A  R  A  K  G  P
M  I  N  E  R  A  L  E  S  S  E  V  U  H
A  W  A  M  I  I  S  O  R  E  A  Z  A  Y
R  O  S  U  A  P  Q  W  A  Y  L  M  G  Y
A  B  I  I  C  B  M  G  U  K  M  T  E  R
G  F  P  S  W  J  P  Q  K  I  H  A  M  Y
S  T  A  L  A  K  T  I  T  X  H  O  P  H
K  K  L  A  T  Z  X  B  Q  Z  L  B  A  O
R  S  I  K  L  U  S  A  F  E  U  N  B  W
I  E  V  I  D  Y  B  T  B  O  X  S  U  L
S  X  S  O  M  T  E  U  B  Y  S  L  M  A
T  I  P  Y  I  W  N  S  W  S  R  I  I  H
A  E  J  G  E  I  U  R  G  W  Q  E  L  A
L  Q  Q  K  X  G  A  J  I  X  G  H  J  R
```

| | |
|---|---|
| ASAM | GEYSER |
| KALSIUM | LAHAR |
| GUA | LAPISAN |
| BENUA | MINERAL |
| KARANG | CAIR |
| KRISTAL | KUARSA |
| SIKLUS | GARAM |
| GEMPA BUMI | STALAKTIT |
| EROSI | BATU |
| FOSIL | |

# 28 - House

```
N U G L M A R L E B E M P S
A K E A W N F U A I J C E A
S L U L R A L M E M D M R P
P I N T U A M J F K P X A U
K D V G M K S N L Z A U P T
P A G A R A F I R G Q L I Q
A K D L J T N U B E K V A R
T U I O E S I D J L T C N F
A N N T N U M P I A R I T Y
L C D E D P R J F N W O G D
A I I N E R E R Z T Q T G A
K B N G L E C S Z A D E S P
B W G V A P C N Z I W T Z U
R U A N G A N A H Z M F K R
```

| | |
|---|---|
| LOTENG | KUNCI |
| SAPU | DAPUR |
| TIRAI | LAMPU |
| PINTU | PERPUSTAKAAN |
| PAGAR | CERMIN |
| PERAPIAN | ATAP |
| LANTAI | RUANGAN |
| MEBEL | MANDI |
| GARASI | DINDING |
| KEBUN | JENDELA |

# 29 - Physics

```
G A S U M U R M R A M J U M
M E K A N I K A A Z Z U N A
K E N I A L A T J S U I I G
E K U M T V N V P U S S V N
K S K I A N S O A H X A E E
A P L K D U X S R G B R R T
C A I N A W N C T T F E S I
A N R A P Z M E I M K L A S
U S Q H E Y N Y K B E E L M
A I F A K T S Q E G X S L E
N M X B A T O M L K K I E E
M O L E K U L W K W P A N N
F R E K U E N S I U U W L C
R E L A T I V I T A S H F U
```

AKSELERASI
ATOM
KEKACAUAN
BAHAN KIMIA
KEPADATAN
ELEKTRON
MESIN
EKSPANSI
RUMUS
FREKUENSI

GAS
MAGNETISME
MASSA
MEKANIKA
MOLEKUL
NUKLIR
PARTIKEL
RELATIVITAS
UNIVERSAL

# 30 - Dance

```
F  D  U  H  L  K  N  X  P  I  D  M  B  N
A  M  I  F  P  A  K  I  S  R  M  E  N  G
M  Q  J  I  A  R  T  I  M  A  U  L  L  H
K  L  A  S  I  K  A  I  I  M  S  O  K  N
M  A  Y  E  M  Y  N  H  H  A  I  M  O  L
V  R  A  R  E  S  W  U  M  A  K  P  R  D
C  U  D  P  D  Q  V  B  F  A  N  A  E  W
W  T  U  S  A  E  W  U  L  X  T  T  O  C
I  L  B  K  K  C  M  T  X  Y  Z  S  G  S
Z  U  J  E  A  C  W  O  E  J  A  E  R  C
B  K  R  P  Y  L  A  U  S  I  V  N  A  F
L  Y  I  Q  F  I  K  T  E  I  R  I  F  R
N  M  J  E  R  G  E  R  A  K  A  N  I  W
T  R  A  D  I  S  I  O  N  A  L  N  R  A
```

| | |
|---|---|
| AKADEMI | MELOMPAT |
| SENI | GERAKAN |
| TUBUH | MUSIK |
| KOREOGRAFI | MITRA |
| KLASIK | SIKAP |
| KULTURAL | LATIHAN |
| BUDAYA | IRAMA |
| EMOSI | TRADISIONAL |
| EKSPRESIF | VISUAL |
| RAHMAT | |

# 31 - Coffee

```
M I N U M A N V O H S Y C H
G H U P M G D E R I A M I F
S K A Z Z V C K N T R Q C H
F G W R W L A S A A I W N Z
D S L F G E N L I M N M N X
G G V U P A G E U P G O E J
I N D B A T K I T G A G W X
A A L S H M I R K G S G R R
H G U K I E R G A S A M X K
Z G Q J T E S C A I R L S A
P N A R O M A Y M P X Q G F
V A R I A S I O A Y L F T E
M P Z E A I R I U S U S U I
M E N G G I L I N G I U A N
```

ASAM
AROMA
MINUMAN
PAHIT
HITAM
KAFEIN
KRIM
CANGKIR
SARING
RASA

MENGGILING
CAIR
SUSU
PAGI
ASAL
HARGA
PANGGANG
GULA
VARIASI
AIR

# 32 - Climbing

```
K O Q E S H X N Z I T N J F
C E G P G U V N R F R A H S
E S T G D L A T E P J G B E
D E J I G Y U S Y C M N O M
E P Q L N A G N A T N A T P
R A D H I G X B N N C T F I
A T V A K Z G T R A A G I T
U U M W I N H I T U D N S X
L B L E H O S H A D A U I O
E O E W D C W K E N J R K Q
W T H Z Z A Z J P A D A Z I
M W N V Y Q N M D P R S L Y
K E I N G I N T A H U A N I
K E K U A T A N R T T W T J
```

KETINGGIAN
SUASANA
SEPATU BOT
GUA
TANTANGAN
KEINGINTAHUAN
AHLI
SARUNG TANGAN
PANDUAN

HELM
HIKING
CEDERA
PETA
SEMPIT
FISIK
KEKUATAN
MEDAN

# 33 - Shapes

```
C T R Z R X N P E Q W N I K
C E F N S U C R A V R U K E
J P S Q J J Y I S I S W X R
P I N I E I F S S U D U T U
H I A P L N U M I N W U G C
I P R B G I O A K U B U S U
P E A A T A N D E D X S N T
E R K L M S R D J C E E L L
R S G O U I W I E Y L G E L
B E N B F A D P S R I I P R
O G I P N M A A T O P T N O
L I L A C H M Z R V S I R L
A B U L A T R L B A R G F R
S E P O L I G O N L A A O E
```

ARC
LINGKARAN
KERUCUT
SUDUT
KUBUS
KURVA
SILINDER
TEPI
ELIPS
HIPERBOLA

GARIS
OVAL
POLIGON
PRISMA
PIRAMIDA
BULAT
SISI
BOLA
PERSEGI
SEGITIGA

# 34 - Scientific Disciplines

```
G  S  B  A  I  M  U  N  O  L  O  G  I  M
E  O  I  I  S  A  N  A  T  O  M  I  V  I
O  S  O  K  I  T  S  I  U  G  N  I  L  N
L  I  K  K  N  H  R  K  M  Y  G  T  D  E
O  O  I  B  A  K  B  O  I  K  W  M  Y  R
G  L  M  R  T  U  I  R  N  M  E  P  H  A
I  O  I  Y  O  M  O  B  A  O  I  X  F  L
F  G  A  T  B  D  L  G  K  X  M  A  M  O
X  I  I  G  O  L  O  I  S  E  N  I  K  G
H  I  E  N  O  I  G  J  T  X  P  X  P  I
A  K  I  M  A  N  I  D  O  M  R  E  T  U
W  J  W  W  P  S  I  K  O  L  O  G  I  N
N  M  E  K  A  N  I  K  A  K  M  D  J  H
M  I  L  E  K  O  L  O  G  I  X  X  V  A
```

| | |
|---|---|
| ANATOMI | IMUNOLOGI |
| ASTRONOMI | KINESIOLOGI |
| BIOKIMIA | LINGUISTIK |
| BIOLOGI | MEKANIKA |
| BOTANI | MINERALOGI |
| KIMIA | PSIKOLOGI |
| EKOLOGI | SOSIOLOGI |
| GEOLOGI | TERMODINAMIKA |

# 35 - Science

```
B G R A V I T A S I W O I L
W A K I S I F D A T A R Q A
U R H I X L Y A Y L I G G B
N H L A B L E K I T R A P O
F Y Q R N U X Z O N K N I R
P O G K I K R O B S P I G A
E E S B Z E I V P P J S W T
V D R I Y L U M O T A M M O
O O K C L O Z A I H H E I R
L T Z L O M T L E A F Q N I
U E G V T B S A S E A X E U
S M I L K I A U H F K B R M
I T I Q N A M A N A T K A Q
I L M U W A N T N D A G L R
```

| | |
|---|---|
| ATOM | METODE |
| BAHAN KIMIA | MINERAL |
| IKLIM | MOLEKUL |
| DATA | ALAM |
| EVOLUSI | ORGANISME |
| PERCOBAAN | PARTIKEL |
| FAKTA | FISIKA |
| FOSIL | TANAMAN |
| GRAVITASI | ILMUWAN |
| LABORATORIUM | |

# 36 - Beauty

```
P R O D U K F R G G B S E F
K A Y N I M D A N D A N Q O
T O T P V W W M I G N A W T
X K S B H P Y J T Z R S D O
R E I M P E S O N A A A U G
A A L U E J O F U I W J I E
H N Y C I T U X G B M K L N
M G T O N M I K U F D R V I
A G S I A R A K S A M K E K
T U E E G P R A L A X H W C
I N L N E K U L I T M I D D
Y A R M L L X A F S N P D U
C N C B E F I K L U O J O V
T E L I P S T I K C T B I X
```

| | |
|---|---|
| PESONA | MASKARA |
| WARNA | CERMIN |
| KOSMETIK | MINYAK |
| IKAL | FOTOGENIK |
| KEANGGUNAN | PRODUK |
| ELEGAN | GUNTING |
| WANGI | JASA |
| RAHMAT | SAMPO |
| LIPSTIK | KULIT |
| DANDAN | STYLIST |

# 37 - To Fill

```
D K T Y E B A S K O M K K K
B F A S I L I C A L B A O A
E A S K O T A K L V M P P R
I U R X C T D C K T A A E T
J A R E B M E P E V W L R O
S R O Y L O T O B L V Y J N
S V K E H Q D L B D K G V W
X D F I G Q Y P Z A Y U H B
J B A K I F N M Y D C Y O Q
G W Y P E T I A R Q N J C Q
S G N A J N A R E K K A X S
H A A M F M C A O S P R Z K
G V K V A V I P I K E Y P Q
A G N U B A T E K A P E M O
```

| | |
|---|---|
| TAS | AMPLOP |
| BAREL | MAP |
| BASKOM | JAR |
| KERANJANG | PAKET |
| BOTOL | SAKU |
| KOTAK | KOPER |
| EMBER | BAKI |
| KARTON | TABUNG |
| PETI | VAS |
| LACI | KAPAL |

# 38 - Clothes

```
I  S  X  Z  J  E  A  N  S  G  A  U  N  N
I  K  A  Q  S  D  S  L  A  Y  S  T  P  C
V  E  A  R  T  O  O  W  J  E  E  A  E  O
S  M  N  T  U  M  B  F  E  K  L  P  R  M
H  E  A  D  P  N  F  J  T  T  R  E  H  C
Q  L  L  G  T  I  G  U  N  G  E  S  I  I
K  E  E  O  K  U  N  T  N  G  B  R  A  M
A  C  C  W  K  L  A  G  A  C  U  D  S  A
B  L  U  S  X  W  L  R  G  N  U  I  A  N
Q  A  D  D  M  C  E  C  H  A  G  F  N  T
C  D  B  A  J  U  G  R  O  K  N  A  Y  E
T  N  R  N  T  O  P  I  K  M  L  G  N  L
R  A  M  A  Y  I  P  J  I  L  C  F  H  X
L  S  Y  D  W  N  X  J  U  X  S  R  M  V
```

| | |
|---|---|
| CELEMEK | JEANS |
| IKAT PINGGANG | PERHIASAN |
| BLUS | PIYAMA |
| GELANG | CELANA |
| MANTEL | SANDAL |
| GAUN | SYAL |
| MODE | BAJU |
| SARUNG TANGAN | SEPATU |
| TOPI | ROK |
| JAS | SWETER |

# 39 - Insects

```
R E J M W H B H I S O Z P C
E A V R A L G E T A W O N W
Y V Y C H Q N X L G V E R P
R Z L A M N I G N A B M U K
I G N U P A C U D C L H E I
T U M E S M A N T I S A C R
A B T R C F C Y I O H W N K
G Y J U P U K U P U K T H G
N D J B K U M A Y N J I O N
E A A P H I D L E B A H R A
G L O F T L J I X X S Y N J
N I C Q N Z U S E X Z R E B
F A E W I D E Z B Z G C T T
O S K E R S F J R M C G U D
```

SEMUT
APHID
LEBAH
KUMBANG
KUPU-KUPU
JANGKRIK
KECOA
CAPUNG
KUTU
AGAS

BELALANG
HORNET
LADYBUG
LARVA
MANTIS
NYAMUK
NGENGAT
RAYAP
TAWON
CACING

# 40 - Astronomy

```
J D I J S U H X E Z B W D T
S A T E L I T J Q O U U B S
O L B X X N F T U D D S M W
M U Z S X W D D I I T U A I
S B J P B R I X N A O P S S
O E X A H O O G O K N E T K
K N W M I I R T X D O R R A
B U L A N M E T E O R N O L
B B R O K E T I E H T O N A
J V J A S P S G H N S V O G
E L Q P M S A N F O A A M E
B P I S A I D A R H B L U J
G E R H A N A L U Y B K P T
O B S E R V A T O R I U M B
```

ASTEROID            NEBULA
ASTRONOT            OBSERVATORIUM
ASTRONOM            PLANET
KOSMOS              RADIASI
BUMI                ROKET
GERHANA             SATELIT
EQUINOX             LANGIT
GALAKSI             SUPERNOVA
METEOR              ZODIAK
BULAN

# 41 - Health and Wellness #2

```
T  G  R  S  D  R  W  K  E  Y  K  Y  B  F
P  E  U  T  P  E  H  A  C  H  A  R  A  D
I  N  M  R  E  E  H  R  A  O  L  Q  A  I
J  E  A  E  N  N  M  I  O  O  P  L  N
A  T  H  S  R  R  E  U  D  H  R  A  E  F
T  I  S  A  X  H  M  R  L  R  I  E  R  E
A  K  A  B  E  R  A  T  G  I  A  T  G  K
H  A  K  Y  X  L  W  L  X  I  H  S  I  S
E  S  I  Z  I  G  Y  B  I  B  O  A  I  I
S  F  T  N  A  K  A  M  U  S  F  A  N  R
P  E  N  Y  A  K  I  T  E  I  D  W  A  P
E  R  L  Q  A  N  A  T  O  M  I  B  A  K
V  I  T  A  M  I  N  T  H  D  D  A  R  V
J  I  U  K  E  B  E  R  S  I  H  A  N  Y
```

ALERGI
ANATOMI
NAFSU MAKAN
DARAH
KALORI
DEHIDRASI
DIET
PENYAKIT
ENERGI
GENETIKA

SEHAT
RUMAH SAKIT
KEBERSIHAN
INFEKSI
PIJAT
GIZI
PEMULIHAN
STRES
VITAMIN
BERAT

# 42 - Time

```
D O Y Y U H G R J M N E H K
G I I S S T N B T E A E X A
S O N N S J A M A N S B G L
Y E J I P H R U H I R F A E
P F E R U A A L U T R V X N
B U L A N R K E N U H A T D
E X I M S I E B A P N M H E
W L B E E I S E N A Q I D R
K V V K G N Y S A G I N D W
J U C V E I M Y K I A G K Q
W N A S R A W A S A D G Y J
Z J N A A A A K L B G U M B
S I A N G A R Q N A P V H F
M A S A D E P A N D M W R Z
```

| | |
|---|---|
| TAHUNAN | BULAN |
| SEBELUM | PAGI |
| KALENDER | MALAM |
| ABAD | SIANG |
| HARI | SEKARANG |
| DASAWARSA | SEGERA |
| DINI | HARI INI |
| MASA DEPAN | MINGGU |
| JAM | TAHUN |
| MENIT | KEMARIN |

# 43 - Buildings

```
B  I  O  S  K  O  P  P  P  H  O  T  K  H
L  A  B  O  R  A  T  O  R  I  U  M  E  O
S  U  P  E  R  M  A  R  K  E  T  J  D  S
F  Z  B  Y  M  W  K  B  C  I  R  P  U  T
S  T  N  V  K  Y  N  Z  E  N  E  O  T  E
Y  L  I  T  S  A  K  F  C  Z  T  X  A  L
I  E  B  K  N  E  M  E  T  R  A  P  A  S
U  T  A  I  A  D  N  E  T  S  E  M  N  G
X  O  K  R  X  S  J  N  R  M  T  U  K  U
H  H  M  B  J  C  H  A  L  O  K  E  S  D
M  E  N  A  R  A  H  A  Y  B  N  S  X  A
F  P  I  P  X  X  B  S  M  G  N  U  F  N
S  T  A  D  I  O  N  X  B  U  O  M  Y  G
I  O  B  S  E  R  V  A  T  O  R  I  U  M
```

| | |
|---|---|
| APARTEMEN | LABORATORIUM |
| GUDANG | MUSEUM |
| KABIN | OBSERVATORIUM |
| KASTIL | SEKOLAH |
| BIOSKOP | STADION |
| KEDUTAAN | SUPERMARKET |
| PABRIK | TENDA |
| RUMAH SAKIT | TEATER |
| HOSTEL | MENARA |
| HOTEL | |

# 44 - Philanthropy

```
N T A N T A N G A N K A N A
A B S N B S N K N J O V A A
K E L O M P O K Z A M S R J
G N Q A V G M I S I U E U X
N A F V B K R P G G N J J K
A K M D P O D A N A I A U A
B H B R E X L K W G T R J T
M U M U M Z K G S A A A E N
U T B N U N N T L Q S H K O
Y U A H D Y N A G N A U E K
N B R G A L S Y M X Y S U K
E M K V V Z T K F A H W K R
M E C U A E F A V D L U N Y
G M J M O M A R G O R P B Z
```

TANTANGAN
AMAL
ANAK
KOMUNITAS
KONTAK
MENYUMBANGKAN
KEUANGAN
DANA
GLOBAL
TUJUAN

KELOMPOK
SEJARAH
KEJUJURAN
MISI
MEMBUTUHKAN
RAKYAT
PROGRAM
UMUM
PEMUDA

# 45 - Herbalism

```
K M W S C N S P K Y Q B C B
B U B E R M A N F A A T R U
A A L T Y O J D P S A D A N
W R Q I L E S R E T E P S G
A O J Y N A M A N A T U A A
N M R N U E A O R E G A N O
G A M U B L R R T O D J B T
P T I K E A O O A Z L I A E
U I N E K V J S R H M H H T
T K T M L E R E R B Q U A D
I S W A X N A M A F E S N F
H O E N C D M A G T V K Z J
H L O G W E Z R O V E Y E U
Q B A I X R V Y N N U H Q B
```

| | |
|---|---|
| AROMATIK | BAHAN |
| KEMANGI | LAVENDER |
| BERMANFAAT | MARJORAM |
| KULINER | MINT |
| ADAS | OREGANO |
| RASA | PETERSELI |
| BUNGA | TANAMAN |
| KEBUN | ROSEMARY |
| BAWANG PUTIH | KUNYIT |
| HIJAU | TARRAGON |

# 46 - Vehicles

```
Q E B A S N A L U B M A P I
R J G U H R A Y C D N X E P
C W G F U F U Z Y M F L R E
D F H M T H W E T H W H A S
I S K A T E K O R M K P H A
Q X U L L L S K U T E R U W
M L R E E I R E F S I S T A
O I T S Y K F Q N E L K I T
B Y Z L C O R A R P Z N A H
I F F A E P Y L K E L L K R
L W S P P T B A N D S T W O
W X E A K E J R H A X P B T
P X F K D R O T K A R T I O
M E S I N I V H I I M H S M
```

| | |
|---|---|
| PESAWAT | MOTOR |
| AMBULANS | RAKIT |
| SEPEDA | ROKET |
| PERAHU | SKUTER |
| BIS | SHUTTLE |
| MOBIL | KAPAL SELAM |
| KAFILAH | TAKSI |
| MESIN | BAN |
| FERI | TRAKTOR |
| HELIKOPTER | TRUK |

# 47 - Flowers

```
P D K A I N E D R A G C P X
N O A Y N R M S D T B T A R
B S P I G G N A M E S M S W
D V O P S G G G Q K Y A S S
C J L J Y Y W R N U W W I Y
H P E Z V T K F E B V A O D
I L K C G N F E N K Q R N A
B U D A F F O D I L U T F N
I M N L P W Z L I L Y U L D
S E Y I M E L A T I N L O E
C R X L P R Z D U F O I W L
U I L J A R D Q I N E P E I
S A I L O N G A M G P T R O
N A E D L A V E N D E R K N
```

BUKET
SEMANGGI
DAFFODIL
DAISY
DANDELION
GARDENIA
HIBISCUS
MELATI
LAVENDER
LILAC

LILY
MAGNOLIA
ANGGREK
PASSIONFLOWER
PEONY
KELOPAK
PLUMERIA
POPPY
MAWAR
TULIP

# 48 - Health and Wellness #1

```
N  M  I  M  X  N  O  M  R  O  H  K  R  U
I  Y  Y  E  E  G  B  T  M  O  S  E  E  X
R  W  N  E  A  N  Y  O  O  T  A  B  L  W
K  E  L  A  P  A  R  A  N  T  R  I  A  K
G  M  T  L  Q  L  T  U  A  A  A  A  K  L
X  K  J  K  A  U  L  I  O  B  F  S  S  I
Z  H  A  E  O  T  J  P  N  O  J  A  A  N
P  A  T  A  H  D  U  A  W  G  V  A  S  I
F  A  R  M  A  S  I  R  X  Q  G  N  I  K
V  V  S  K  E  L  F  E  R  R  E  I  J  X
I  M  H  U  I  R  E  T  K  A  B  E  A  C
R  G  F  L  P  E  N  G  O  B  A  T  A  N
U  A  P  I  L  A  K  T  I  F  J  Y  D  N
S  W  B  T  H  A  V  C  N  X  R  P  V  S
```

| | |
|---|---|
| AKTIF | OBAT |
| BAKTERI | OTOT |
| TULANG | SARAF |
| KLINIK | FARMASI |
| DOKTER | REFLEKS |
| PATAH | RELAKSASI |
| KEBIASAAN | KULIT |
| TINGGI | TERAPI |
| HORMON | PENGOBATAN |
| KELAPARAN | VIRUS |

# 49 - Town

```
S  G  B  I  O  S  K  O  P  K  P  T  K  H
K  U  A  O  O  Q  Q  I  G  A  Y  O  N  F
L  K  P  L  S  G  W  S  K  F  O  K  O  T
I  U  D  E  E  Y  B  X  Z  E  R  O  I  P
N  B  Y  T  R  R  Q  B  U  P  Z  R  D  Y
I  O  W  O  A  M  I  X  A  T  B  O  A  T
K  K  Q  H  S  O  A  E  E  N  Y  T  T  O
F  O  X  W  A  S  N  R  I  Y  D  I  S  Z
A  T  D  H  P  A  N  E  K  D  C  A  W  A
R  F  L  O  R  I  S  T  B  E  D  F  R  Y
M  U  E  S  U  M  Z  A  A  I  T  U  I  A
A  M  J  Y  H  L  M  E  N  Q  E  U  G  A
S  Z  A  W  C  X  L  T  K  T  Y  R  I  Y
I  B  I  S  E  K  O  L  A  H  Y  L  T  T
```

| | |
|---|---|
| BANDARA | HOTEL |
| TOKO ROTI | PASAR |
| BANK | MUSEUM |
| TOKO BUKU | FARMASI |
| KAFE | SEKOLAH |
| BIOSKOP | STADION |
| KLINIK | TOKO |
| FLORIST | SUPERMARKET |
| GALERI | TEATER |

# 50 - Antarctica

```
H  K  E  K  S  P  E  D  I  S  I  B  P  W
D  T  O  G  T  E  L  U  K  R  U  M  L  P
C  B  B  N  A  G  N  U  K  G  N  I  L  A
F  U  H  U  S  E  N  G  D  K  A  I  R  W
T  R  Y  R  O  E  E  N  L  M  N  E  P  A
I  M  W  U  C  V  R  Y  I  E  L  K  H  N
T  U  H  B  V  P  U  V  F  I  T  L  T  T
I  L  M  I  A  H  K  M  A  A  P  S  P  W
L  U  A  L  U  P  M  W  R  S  J  V  E  D
E  I  X  R  N  H  J  L  G  V  I  P  N  R
N  G  V  G  E  T  O  P  O  G  R  A  F  I
E  D  J  K  B  N  Z  C  E  R  O  C  K  Y
P  I  S  A  R  G  I  M  G  W  O  W  L  K
P  C  S  K  G  X  X  M  A  X  C  P  J  V
```

| | |
|---|---|
| TELUK | PULAU |
| BURUNG | MIGRASI |
| AWAN | MINERAL |
| KONSERVASI | PENELITI |
| BENUA | ROCKY |
| LINGKUNGAN | ILMIAH |
| EKSPEDISI | SUHU |
| GEOGRAFI | TOPOGRAFI |
| GLETSER | AIR |
| ES | |

# 51 - Ballet

```
G V X L K P T N H O A Y A M
O A V Z O E E X A W W K R S
P T Y Z R N P P D O B O T I
V B O A E A U E I H G M I K
I A T T O R K L R P F P S A
R L E Q G I T A I F O O T P
A E K B R Y A J N I R S I K
M R N L A Z N A U S K E K E
A I I S F I G R G E E R E A
D N K K I T A A G R S J T H
F A G S I U N N P T R K L
I N T E N S I T A S R P A I
Q C I N W Q U S H K A P R A
H M G C D S Y M N E R A P N
```

| | |
|---|---|
| TEPUK TANGAN | INTENSITAS |
| ARTISTIK | PELAJARAN |
| HADIRIN | OTOT |
| BALERINA | MUSIK |
| KOREOGRAFI | ORKESTRA |
| KOMPOSER | PRAKTEK |
| PENARI | IRAMA |
| EKSPRESIF | KEAHLIAN |
| SIKAP | GAYA |
| ANGGUN | TEKNIK |

# 52 - Fashion

```
R U T S K E T A K I T R Z F
Z E T K L S S S O D O M W G
P Q N K U D U L G X M T Y A
B A G D L Q L I M P B A D Y
J N K R A A A M A W O G C A
M N U A B B M Y H P L T N X
I W Z N I Q A S A O E Y B C
N W C U T A N T L L K A I N
I B U T I K N Z R A K S I D
M E L E G A N P R A K T I S
A S E D E R H A N A M D A X
L J Y N Y A M A N R E D O M
I C C Y T E R J A N G K A U
S P E N G U K U R A N E M F
```

TERJANGKAU
BUTIK
TOMBOL
PAKAIAN
NYAMAN
ELEGAN
SULAMAN
MAHAL
KAIN
RENDA

PENGUKURAN
MINIMALIS
MODERN
SEDERHANA
ASLI
POLA
PRAKTIS
GAYA
TEKSTUR

# 53 - Human Body

```
I  N  V  A  S  Q  T  I  L  U  K  D  W  R
K  A  K  I  T  A  H  U  G  A  D  A  A  W
A  G  L  W  R  U  L  S  L  H  T  R  J  H
F  N  D  O  N  A  H  I  X  A  U  A  A  I
R  A  Y  T  K  B  J  K  Y  H  N  H  H  D
O  T  B  A  O  F  P  U  P  P  H  G  H  U
H  Y  G  K  V  M  U  L  U  T  Z  T  T  N
P  F  T  O  T  U  T  U  L  U  S  B  E  G
H  V  X  N  E  C  K  S  P  I  R  A  G  R
M  O  N  C  L  Q  R  E  H  E  L  H  B  A
C  N  X  R  I  B  I  B  P  E  K  U  A  H
X  E  V  J  N  G  R  P  E  A  K  K  J  A
T  T  B  P  G  X  K  E  P  J  L  N  X  N
W  K  O  Y  A  G  I  Y  N  H  O  A  N  G
```

| | |
|---|---|
| DARAH | HATI |
| TULANG | RAHANG |
| OTAK | LUTUT |
| DAGU | KAKI |
| TELINGA | BIBIR |
| SIKU | MULUT |
| WAJAH | LEHER |
| JARI | HIDUNG |
| TANGAN | BAHU |
| KEPALA | KULIT |

# 54 - Musical Instruments

```
L  M  U  R  D  T  A  I  A  G  S  B  R  L
M  A  N  A  B  E  R  A  T  I  G  E  Y  C
G  N  O  G  X  F  V  L  Z  K  N  D  L  G
K  D  T  Z  R  H  N  O  L  L  S  Y  P  O
S  O  A  E  V  W  N  I  I  A  A  B  R  J
E  L  O  H  R  W  F  B  S  R  K  A  Y  N
R  I  C  L  D  O  G  A  U  I  S  S  V  A
U  N  O  V  O  N  M  A  K  N  O  S  L  B
L  O  S  L  I  A  E  P  R  E  F  O  H  R
I  B  H  E  V  I  E  R  E  T  O  O  L  E
N  M  V  T  J  P  P  A  P  T  N  N  Z  W
G  O  P  R  P  Z  E  H  X  I  S  J  H  Z
P  R  B  S  T  I  K  D  R  U  M  D  V  W
V  T  I  O  M  A  R  I  M  B  A  N  A  E
```

| | |
|---|---|
| BANJO | MANDOLIN |
| BASSOON | MARIMBA |
| SELO | OBO |
| KLARINET | PERKUSI |
| DRUM | PIANO |
| STIK DRUM | SAKSOFON |
| SERULING | REBANA |
| GONG | TROMBON |
| GITAR | TEROMPET |
| HARPA | BIOLA |

# 55 - Fruit

```
P  H  B  G  I  R  O  X  M  B  R  B  Z  J
M  F  R  C  U  K  I  W  I  E  E  G  H  A
Q  A  L  P  U  K  A  T  V  M  L  T  Z  M
R  A  S  P  B  E  R  R  Y  K  T  O  G  B
A  R  A  N  O  M  E  L  K  A  L  C  N  U
N  G  B  M  A  P  A  L  E  K  Y  I  A  A
K  Q  G  G  T  N  B  A  J  L  J  R  S  P
B  M  E  N  I  R  A  T  C  E  N  P  I  E
K  R  G  T  A  M  V  S  F  N  B  A  P  L
B  E  R  R  Y  M  H  O  V  P  O  P  K  E
P  I  R  F  M  S  Q  C  Q  C  O  K  I  K
P  E  R  S  I  K  E  C  E  R  I  D  Q  G
U  A  O  B  L  Q  F  J  H  V  O  V  P  Z
T  A  N  G  G  U  R  P  P  E  P  A  Y  A
```

| | |
|---|---|
| APEL | KIWI |
| APRIKOT | LEMON |
| ALPUKAT | MANGGA |
| PISANG | MELON |
| BERRY | NECTARINE |
| CERI | PEPAYA |
| KELAPA | PERSIK |
| ARA | PIR |
| ANGGUR | NANAS |
| JAMBU | RASPBERRY |

# 56 - Engineering

```
D W U I K A L K U L A S I U
L I B G M E S I N S Q T T R
N T M R K E D A L A M A N O
J X U E D I A G R A M W C K
D X S N N S U D U T H J A E
C I G E I S L U P O R P I K
M A E E X W I T U A S N R U
H E E S A T I L I B A T S A
V Y O D E D I A M E T E R T
F Y X P B L G Q W C P K K A
O M O T O R U T K U R T S N
K O N S T R U K S I G B X I
D I S T R I B U S I F U X K
P E N G U K U R A N E W E U
```

SUDUT
SUMBU
KALKULASI
KONSTRUKSI
KEDALAMAN
DIAGRAM
DIAMETER
DIESEL
DIMENSI
DISTRIBUSI

ENERGI
TUAS
CAIR
MESIN
PENGUKURAN
MOTOR
PROPULSI
STABILITAS
KEKUATAN
STRUKTUR

# 57 - Government

```
T  Q  L  F  K  D  P  I  D  A  T  O  S  K
E  I  O  U  O  S  E  B  A  N  G  S  A  E
N  D  B  N  N  C  I  M  U  K  U  H  Q  A
A  M  M  T  S  D  D  P  O  R  O  F  M  D
N  K  I  R  T  S  I  D  I  K  C  D  W  I
G  E  S  J  I  W  T  N  Z  L  R  F  I  L
D  S  X  G  T  G  E  L  K  M  T  A  T  A
I  E  J  C  U  M  O  N  U  M  E  N  S  N
S  T  G  Y  S  L  I  B  E  R  T  Y  C  I
K  A  F  V  I  P  E  M  I  M  P  I  N  P
U  R  K  E  M  E  R  D  E  K  A  A  N  O
S  A  R  A  G  E  N  P  O  L  I  T  I  K
I  A  N  A  S  I  O  N  A  L  I  Z  J  J
P  N  A  L  I  D  A  R  E  P  B  T  R  R
```

| | |
|---|---|
| SIPIL | PEMIMPIN |
| KONSTITUSI | LIBERTY |
| DEMOKRASI | MONUMEN |
| DISKUSI | BANGSA |
| DISTRIK | NASIONAL |
| KESETARAAN | TENANG |
| KEMERDEKAAN | POLITIK |
| PERADILAN | PIDATO |
| KEADILAN | NEGARA |
| HUKUM | SIMBOL |

# 58 - Art Supplies

```
K  S  T  S  I  K  A  T  I  A  K  W  P  U
P  R  I  A  R  I  J  A  D  J  R  U  G  P
P  E  E  U  R  E  Z  C  E  T  P  A  I  J
A  I  N  A  T  N  I  T  D  M  F  G  N  F
E  U  C  G  T  A  I  L  H  A  N  A  T  G
W  Q  C  G  H  I  K  A  M  E  R  A  C  G
A  J  E  M  K  A  V  S  D  N  Z  V  Q  K
R  P  C  E  B  P  I  S  R  U  K  O  I
N  E  A  L  R  H  J  U  T  E  A  S  E  L
A  N  T  Z  T  Z  K  H  S  A  I  E  F  I
X  S  A  K  A  Y  N  I  M  L  S  T  Q  R
K  I  I  K  S  D  T  E  K  Q  P  E  K  K
W  L  R  P  T  S  W  O  J  Q  B  E  N  A
C  Z  Q  U  H  Z  R  Y  C  C  O  V  E  V
```

| | |
|---|---|
| AKRILIK | LEM |
| SIKAT | IDE |
| KAMERA | TINTA |
| KURSI | MINYAK |
| ARANG | CAT |
| TANAH LIAT | KERTAS |
| WARNA | PENSIL |
| KREATIVITAS | MEJA |
| EASEL | AIR |
| PENGHAPUS | CAT AIR |

# 59 - Science Fiction

```
F  I  P  A  N  G  W  F  Z  G  G  U  I  L
Z  U  L  T  P  A  L  H  V  A  L  H  M  E
N  K  T  U  L  I  I  U  T  L  P  U  A  D
J  U  A  U  S  B  V  U  Z  A  X  V  J  A
F  B  I  Y  R  I  C  R  J  K  Z  D  I  K
T  Q  M  J  A  I  P  O  T  S  I  D  N  A
U  E  I  B  K  T  S  G  Y  I  K  T  E  N
T  L  K  F  M  E  R  T  S  K  E  K  R  O
O  C  N  N  M  N  T  P  I  R  O  B  O  T
P  A  A  A  O  A  F  H  S  K  T  F  J  D
I  R  H  Y  T  L  D  U  N  I  A  F  T  A
A  O  A  G  A  P  O  K  S  O  I  B  G  K
C  T  B  S  T  N  Z  G  F  Y  T  T  S  C
M  J  Z  T  D  F  H  V  I  A  S  A  N  Y
```

| | |
|---|---|
| ATOM | ILUSI |
| BUKU | IMAJINER |
| BAHAN KIMIA | GAIB |
| BIOSKOP | ORACLE |
| DISTOPIA | PLANET |
| LEDAKAN | ROBOT |
| EKSTREM | TEKNOLOGI |
| API | UTOPIA |
| FUTURISTIK | DUNIA |
| GALAKSI | |

# 60 - Geometry

```
A  C  T  T  Z  P  O  J  P  N  A  T  M  D
D  P  F  I  L  E  L  A  R  A  P  C  T  J
Z  Y  N  N  R  W  G  A  R  V  I  O  V
M  N  P  G  G  M  L  O  I  A  R  R  A  O
D  A  D  G  T  U  D  U  S  K  O  T  U  W
P  I  S  I  L  K  T  S  E  G  M  E  N  K
E  D  M  S  O  A  E  O  D  N  O  M  Q  M
R  E  R  E  A  A  O  F  Q  I  N  I  C  Y
S  M  X  O  N  N  R  Q  E  L  X  S  X  X
A  H  J  T  D  S  I  S  R  O  P  O  R  P
M  K  A  B  A  G  I  T  I  G  E  S  S  Q
A  H  O  R  I  S  O  N  T  A  L  N  N  V
A  K  I  G  O  L  D  I  A  M  E  T  E  R
N  K  A  L  K  U  L  A  S  I  Y  I  R  Z
```

| | |
|---|---|
| SUDUT | MASSA |
| KALKULASI | MEDIAN |
| LINGKARAN | NOMOR |
| KURVA | PARALEL |
| DIAMETER | PROPORSI |
| DIMENSI | SEGMEN |
| PERSAMAAN | PERMUKAAN |
| TINGGI | SIMETRI |
| HORISONTAL | TEORI |
| LOGIKA | SEGITIGA |

# 61 - Creativity

```
A M N K M M C N X I X F K Y
R E E K S P R E S I D O E G
T N I M A J I N A S I E A W
I G S S S E N S A S I L H T
S U A L I H W E L Q S P L S
T B R C B V X D G D I X I A
I A I I R S Q O R G U D A T
K H P Y J B E B G Y T V N I
W V S N M H Q N A T N O P S
L X N G A M B A R E I P O N
K F I T N E V N I M Y F M E
K E J E L A S A N O N X T T
K E A S L I A N A S B N J N
D R A M A T I S E I V V L I
```

| | |
|---|---|
| ARTISTIK | IMAJINASI |
| KEASLIAN | INSPIRASI |
| MENGUBAH | INTENSITAS |
| KEJELASAN | INTUISI |
| DRAMATIS | INVENTIF |
| EMOSI | SENSASI |
| EKSPRESI | KEAHLIAN |
| IDE | SPONTAN |
| GAMBAR | VISI |

# 62 - Airplanes

```
M B Q V B P W X G J M W R H
E A G U J A S U A S A N A I
S L Y I Y S H A R A J E S D
I O F N D W G A L M M V G R
N N T I N G G I N A O R T O
K E T U R U N A N B N N F G
O J O D E S A I N T A G O E
S Y L G L Q O A W A K K I N
C K I S K U R T S N O K A T
E S P P E N D A R A T A N R
B A L I N G B A L I N G B G
K E T I N G G I A N P U I L
U D A R A P E N U M P A N G
P E T U A L A N G A N W L L
```

PETUALANGAN           BAHAN BAKAR
UDARA                 TINGGI
KETINGGIAN            SEJARAH
SUASANA               HIDROGEN
BALON                 PENDARATAN
KONSTRUKSI            PENUMPANG
AWAK                  PILOT
KETURUNAN             BALING-BALING
DESAIN                LANGIT
MESIN

# 63 - Ocean

```
R U M P U T L A U T O L M R
S O L N D S V Y K M M U D V
U P R A G H Z C A C B M N V
A J O G R E Y G R C A B C V
P U J N A K I P A Y K A U Y
Y P G A S X J K N O J L B O
X M O D T H A T G K V U U T
U B M U R E T U L E B M R U
E T L A Z U Y N E P A B U M
D Q H G R Q X A U I H A B S
O J N L H A S K S T A Z U F
T I R A M S G H L I Z D R J
I G U R I T A K P N U C A X
R Q D O V A P T I G U G Z B
```

| | |
|---|---|
| ALGA | GARAM |
| KARANG | RUMPUT LAUT |
| KEPITING | HIU |
| LUMBA-LUMBA | UDANG |
| BELUT | SPONS |
| IKAN | BADAI |
| UBUR-UBUR | TUNA |
| GURITA | PENYU |
| TIRAM | OMBAK |
| TERUMBU | PAUS |

# 64 - Force and Gravity

```
U  M  W  K  D  P  E  N  E  M  U  A  N  E
N  D  G  E  A  Y  N  R  A  S  E  B  T  Y
I  K  M  V  M  F  N  L  K  O  K  C  G  A
V  E  U  P  B  B  F  I  G  R  W  A  Z
E  C  T  T  A  S  U  P  S  E  N  B  K  O
R  E  N  P  K  C  B  G  I  S  A  X  I  U
S  P  E  L  R  A  Z  X  F  E  N  S  N  T
A  A  M  M  R  O  W  X  G  K  A  R  A  J
L  T  O  V  O  R  P  X  T  A  K  P  K  J
J  A  M  Z  S  V  H  E  W  N  E  H  E  R
Z  N  S  U  M  B  U  Q  R  O  T  G  M  T
E  K  S  P  A  N  S  I  M  T  A  R  E  B
M  A  G  N  E  T  I  S  M  E  I  S  P  X
D  I  N  A  M  I  S  R  J  V  N  O  I  N
```

SUMBU
PUSAT
PENEMUAN
JARAK
DINAMIS
EKSPANSI
GESEKAN
DAMPAK
MAGNETISME
BESARNYA

MEKANIKA
MOMENTUM
ORBIT
FISIKA
TEKANAN
PROPERTI
KECEPATAN
WAKTU
UNIVERSAL
BERAT

# 65 - Birds

```
X C E G V Q S R Q W K U I T
P B U R U N G P I P I T G E
O E A B Y C V Y O R T N A L
G L N A Y O Z E B U A G U
N U K G G N D L B U P H A R
I Z X G U S G Q G R E G K N
M D Z M C I A A N U L N E E
A Y A M R C N T U N I U B L
L L U G V U K O R G K R E A
F H Y C P C H U U U A U B N
F P N S E K A C B N B G G
M E R A K O H A Y T F T V L
D P P C E O R N J A X F M A
M E R P A T I R A N E K Q Q
```

KENARI
AYAM
GAGAK
CUCKOO
MERPATI
BEBEK
ELANG
TELUR
FLAMINGO
GULL

BURUNG UNTA
BURUNG HANTU
BURUNG BEO
MERAK
PELIKAN
PENGUIN
BURUNG PIPIT
BANGAU
ANGSA
TOUCAN

# 66 - Nutrition

```
K E B I A S A A N Z S P M P
R A C U N G G C Q M J O B A
R V C Z J M H T O P S N A H
I R O L A K L A Z E H A M I
D S E H A T J R U N K F G T
Q A A L M E N D W C E S N H
V N A T K I Z I G E S U A S
A I P V N D E H M R E M B A
X E T A R E B O H N H A M T
Z T G A M X M B H A A K I I
M O V S M R Q R O A T A E L
J R J L T I J A E N A N S A
O P R A S A N K P F N P J U
B I S A D I M A K A N T C K
```

NAFSU MAKAN         KEBIASAAN
SEIMBANG            KESEHATAN
PAHIT              SEHAT
KALORI             GIZI
KARBOHIDRAT        PROTEIN
DIET               KUALITAS
PENCERNAAN         SAUS
BISA DIMAKAN       RACUN
FERMENTASI         VITAMIN
RASA               BERAT

# 67 - Hiking

```
X N I U I R A H A T A M B X
M A A U G K C Y I B U H Y L
N J J A G T L C B D R L Z E
A P G E M U S I D V A N F L
P U N C A K E T M U T A B A
A T A I L B P S R F E U S H
I S T S A E A C L Y P D Z E
S F A A Y R T G U N U N G B
R I N T A A U D N B A A V E
E B I N H T B C W I A P F J
P U B E A C O L I Y P A G H
E G N I B E T L I A R M I E
R E N R T A M A N Y P Z A R
I G E O Z G O I H E W B L C
```

| | |
|---|---|
| BINATANG | ALAM |
| SEPATU BOT | ORIENTASI |
| CAMPING | TAMAN |
| TEBING | PERSIAPAN |
| IKLIM | BATU |
| PANDUAN | PUNCAK |
| BAHAYA | MATAHARI |
| BERAT | LELAH |
| PETA | AIR |
| GUNUNG | LIAR |

# 68 - Professions #1

```
D I P T K L N M B R R P K E
U G E F A U M O W I R E B M
T O N M R E T N U H Z L A A
A L G A T K I O S Y N A N Y
B O A D O B H R M I V U K V
E E C O G P A T M P N T I L
S G A K R V J S U R A A R K
A I R T A X N A S O S Q I Q
R L A E F Q E H I T A L E P
J H M R E M P P S I I H B X
T A W A R E P S I D H S Z D
P E N A R I B R J E R Y W J
P S I K O L O G A J E F Y Z
M P P F I A G C W V P J N Z
```

DUTA BESAR          AHLI GEOLOGI
ASTRONOM            HUNTER
PENGACARA           PERHIASAN
BANKIR              MUSISI
KARTOGRAFER         PERAWAT
PELATIH             PIANIS
PENARI              PSIKOLOG
DOKTER              PELAUT
EDITOR              PENJAHIT

# 69 - Barbecues

```
K A N A Y I M G T T G K U V
H E Z X K Y J A Q M J X O S
H A L L I R G R N I U H F N
D S J U Q J D P N O X S O Y
S A U S A J C U A C O K I E
W N Y U F R G U R L I C N K
O A V X N Z G O A S A L A D
V P R G K S K A P S B T N S
M A K A N M A L A M U O A A
G A R A M A I W L S A M K Y
T N A N I A M R E P H A A U
K L Y G M O X E K V S T M R
I B A P I S A U T J W M Z A
V N M M U S I M P A N A S N
```

| | |
|---|---|
| AYAM | PANAS |
| ANAK | KELAPARAN |
| MAKAN MALAM | PISAU |
| KELUARGA | MUSIK |
| MAKANAN | SALAD |
| GARPU | GARAM |
| TEMAN | SAUS |
| BUAH | MUSIM PANAS |
| PERMAINAN | TOMAT |
| GRILL | SAYURAN |

# 70 - Chocolate

```
L  D  J  J  V  K  K  A  B  Z  D  W  A  E
P  E  R  M  E  N  U  L  P  N  G  G  N  K
M  A  N  I  S  A  A  U  G  A  D  Z  T  S
R  E  S  E  P  H  L  G  W  N  L  H  I  O
K  A  K  A  O  A  I  L  K  I  A  E  O  T
K  K  P  V  B  B  T  D  A  G  N  K  K  I
A  T  I  R  O  V  A  F  C  N  A  A  S  S
R  A  X  Q  Q  M  S  B  A  I  S  L  I  T
A  Z  P  A  H  I  T  T  N  E  I  O  D  Y
M  E  S  U  R  D  Z  A  G  K  T  R  A  G
E  L  H  G  Z  A  U  K  R  U  R  I  N  V
L  N  U  S  Z  J  S  S  D  O  A  O  G  C
Z  J  I  A  J  B  S  A  Z  X  M  F  Z  T
S  Z  J  K  G  C  C  D  R  M  U  A  G  R
```

| | |
|---|---|
| ANTIOKSIDAN | LEZAT |
| AROMA | EKSOTIS |
| ARTISANAL | FAVORIT |
| PAHIT | BAHAN |
| KAKAO | KACANG |
| KALORI | KUALITAS |
| PERMEN | RESEP |
| KARAMEL | GULA |
| KELAPA | MANIS |
| KEINGINAN | RASA |

# 71 - Vegetables

```
W  I  L  K  A  P  M  W  W  Z  H  L  R  X
E  O  R  M  A  Y  A  B  D  A  L  A  S  M
H  Z  R  J  K  C  N  U  M  I  T  N  E  M
C  Q  O  T  X  T  A  M  O  T  Q  N  E  Z
O  O  V  S  E  S  B  N  B  U  C  Z  Y  Q
A  X  S  B  T  L  H  C  G  N  V  V  N  J
I  R  D  E  L  E  S  Y  T  E  R  O  N  G
L  U  T  H  A  R  E  M  G  N  A  W  A  B
O  M  H  I  T  U  P  G  N  A  W  A  B  L
K  A  G  C  C  U  X  Q  A  D  F  V  F  O
O  J  H  W  J  H  I  V  W  E  E  M  G  B
R  D  C  J  Y  D  O  J  A  H  E  B  Y  A
B  L  A  B  U  L  D  K  B  I  O  Z  S  K
T  M  Q  I  L  E  S  R  E  T  E  P  P  W
```

| | |
|---|---|
| ARTICHOKE | BAWANG |
| BROKOLI | PETERSELI |
| WORTEL | KACANG |
| SELEDRI | LABU |
| MENTIMUN | SALAD |
| TERONG | BAWANG MERAH |
| BAWANG PUTIH | BAYAM |
| JAHE | TOMAT |
| JAMUR | LOBAK |
| ZAITUN | |

# 72 - The Media

```
A P B C M P D K I H P W A I
M W S I K A P O N H E L P N
O A R F K G F M D W N R E T
L T J N X N J U I J D I N E
O K M A Q I K N V A I P D L
K A Y L L R C I I R D E A E
A F O K Y A C K D I I N P K
L E S I O D H A U N K D A T
V K D G C R L S K G A A T U
F N Q I U X A I E A N N O A
P I B P S D I N U N D A I L
R A D I O I F E M R V A M M
D I G I T A L S U J H N D K
I N D U S T R I M O F E H N
```

IKLAN                INTELEKTUAL
SIKAP                LOKAL
KOMUNIKASI           MAJALAH
DIGITAL              JARINGAN
EDISI                KORAN
PENDIDIKAN           DARING
FAKTA                PENDAPAT
PENDANAAN            UMUM
INDIVIDU             RADIO
INDUSTRI

# 73 - Boats

```
D  M  R  Q  E  P  S  W  R  J  U  I  F  T
X  A  E  P  A  S  A  N  G  N  G  C  E  I
T  R  N  S  Z  V  B  D  K  A  N  O  R  A
H  L  U  A  I  T  B  J  O  O  U  K  I  N
A  M  G  P  U  N  N  E  S  K  P  E  M  G
D  Y  Z  T  U  A  L  M  E  P  M  S  A  K
T  A  L  I  A  G  N  U  S  R  A  B  Z  A
A  W  A  K  I  S  A  B  W  H  L  Y  D  P
S  U  P  A  R  P  X  D  Y  X  E  S  G  A
K  Y  B  R  A  K  G  N  A  J  P  I  K  L
P  E  R  A  H  U  L  A  Y  A  R  N  F  J
M  L  R  O  A  P  E  L  A  U  T  C  H  V
K  P  N  R  B  V  I  L  B  E  V  D  D  X
K  A  Y  A  K  D  Q  Q  Y  A  C  H  T  P
```

| | |
|---|---|
| JANGKAR | TIANG KAPAL |
| PELAMPUNG | BAHARI |
| KANO | RAKIT |
| AWAK | SUNGAI |
| DOK | TALI |
| MESIN | PERAHU LAYAR |
| FERI | PELAUT |
| KAYAK | LAUT |
| DANAU | PASANG |
| SEKOCI | YACHT |

# 74 - Activities and Leisure

```
R  S  B  I  Y  M  A  Z  L  L  S  S  F  A
C  E  E  G  P  E  W  K  X  E  Q  N  E  S
K  P  P  U  J  N  I  T  J  G  S  T  N  T
Q  A  E  Y  H  Y  K  E  T  G  W  E  K  C
B  K  R  T  O  E  F  V  B  N  W  K  N  Q
S  B  G  U  B  L  D  I  L  I  Q  S  V  I
V  O  I  C  I  A  I  E  U  K  S  A  W  X
T  L  A  T  B  M  C  K  K  I  G  B  P  H
E  A  N  G  B  O  N  I  I  H  N  O  O  C
N  U  B  E  K  R  E  B  S  Q  I  P  L  L
I  A  T  N  A  S  P  T  A  P  P  X  C  F
S  C  A  G  G  N  I  C  N  A  M  E  M  C
B  O  L  A  V  O  L  I  H  P  A  L  A  B
R  E  N  A  N  G  S  G  R  S  C  Q  F  L
```

| | |
|---|---|
| SENI | HOBI |
| BISBOL | LUKISAN |
| BASKET | BALAP |
| TINJU | SANTAI |
| CAMPING | SEPAK BOLA |
| MENYELAM | RENANG |
| MEMANCING | TENIS |
| BERKEBUN | BEPERGIAN |
| GOLF | BOLA VOLI |
| HIKING | |

# 75 - Driving

```
I  K  K  A  T  C  D  P  Y  P  U  Z  T  V
L  C  R  O  T  O  M  A  D  E  P  E  S  U
F  A  J  J  C  C  D  I  S  N  E  S  I  L
K  F  A  A  M  Q  A  W  A  G  G  D  L  K
R  E  M  L  T  O  A  I  G  E  A  C  A  E
K  A  Y  A  H  A  B  S  I  M  R  X  L  C
T  E  W  N  N  T  I  K  U  A  P  U  E
E  R  A  L  U  E  L  L  L  D  S  F  L  P
F  H  U  M  Q  J  F  O  V  I  I  X  I  A
D  R  C  K  A  T  E  P  A  N  A  I  N  T
S  I  K  A  K  N  A  L  A  J  E  P  T  A
X  E  O  B  B  X  A  M  O  T  O  R  A  N
V  Z  R  A  K  A  B  N  A  H  A  B  S  W
K  E  C  E  L  A  K  A  A  N  S  H  Q  V
```

| | |
|---|---|
| KECELAKAAN | MOTOR |
| REM | SEPEDA MOTOR |
| MOBIL | PEJALAN KAKI |
| BAHAYA | POLISI |
| PENGEMUDI | KEAMANAN |
| BAHAN BAKAR | KECEPATAN |
| GARASI | JALAN |
| GAS | LALU LINTAS |
| LISENSI | TRUK |
| PETA | |

# 76 - Professions #2

```
R E F A R G O T O F S E D I
F Z J D T O N O R T S A O L
I O H E B I L L O D L A K U
L O F T I N S I N Y U R T S
S L A E G A A P A K M E E T
U O R K O W H R W P E T R R
F G Z T L A J A E N K G A
P I Y I O K I L T L E O I T
E W B F I A B U R U P D G O
G U R U B T E F A K R B I R
R I M D I S D J W I I A U L
G R P B L U A E A S Z H K Y
J B F I H P H O P E T A N I
T Q Y O A S A H A B I L H A
```

| | |
|---|---|
| ASTRONOT | AHLI BAHASA |
| AHLI BIOLOGI | PELUKIS |
| DOKTER GIGI | FILSUF |
| DETEKTIF | FOTOGRAFER |
| INSINYUR | DOKTER |
| PETANI | PILOT |
| ILUSTRATOR | AHLI BEDAH |
| PENEMU | GURU |
| WARTAWAN | ZOOLOGI |
| PUSTAKAWAN | |

# 77 - Emotions

```
K X T H B S I S I C E P Z K
E S S A N T A I Q I T E B E
L R O R H X V E M N D R D G
E I T A P M I S C T Y D K E
M L L M Q E G N Y A U A E M
B E P A V J T L F W B M S B
U G P Q O G N A N E T A E I
T A P Y B X T T K U B I D R
A T T U M N Q H O U W A I A
N A G P A M A L U I T N H A
I N A N A S O B E K Z T A N
B E R S Y U K U R Q U H N Q
K E B A H A G I A A N K Z K
K E B A I K A N O E Y J J K
```

| | |
|---|---|
| AMARAH | KEBAIKAN |
| KEBAHAGIAAN | CINTA |
| KEBOSANAN | PERDAMAIAN |
| TENANG | SANTAI |
| ISI | LEGA |
| MALU | KESEDIHAN |
| TAKUT | PUAS |
| BERSYUKUR | SIMPATI |
| KEGEMBIRAAN | KELEMBUTAN |

# 78 - Mythology

```
B P O L A D A S A R B L L K
N A W A L H A P X U E A U P
A G L M A K H L U K N B L Q
N N U A K A D C S A C I E K
I A D N S R Y W D L A R G L
K U P K T D M O L I N I E K
A R Q D W U E R E R A N N E
Y U Y I X Y R N D E W V D A
E B J T N H D R D P E S A B
K M R G R I N A Y A D U B A
P E N C I P T A A N M R U D
F C D U T Z I X G A E G J I
A E Q G E A O G R F U A V A
O K C N P V R A K A S A F N
```

POLA DASAR
PERILAKU
KEYAKINAN
PENCIPTAAN
MAKHLUK
BUDAYA
DEWA
BENCANA
SURGA
PAHLAWAN

KEABADIAN
KECEMBURUAN
LABIRIN
LEGENDA
PETIR
RAKASA
FANA
BALAS DENDAM
GUNTUR

# 79 - Hair Types

```
Y  P  B  P  K  E  R  I  N  G  V  K  F  N
J  A  E  O  E  U  A  L  I  K  R  E  B  L
A  N  R  J  R  N  H  I  T  A  M  P  S  G
B  J  W  N  H  E  D  C  I  U  L  A  K  I
U  A  A  P  P  C  G  E  A  C  R  N  E  X
A  N  R  S  I  W  I  N  K  J  V  G  D  S
B  G  N  B  D  R  I  G  I  T  I  P  I  S
U  L  A  B  E  T  A  B  O  T  A  K  B  D
P  F  G  W  O  U  P  N  J  A  I  W  P  Z
U  W  V  O  D  B  B  H  G  H  C  R  S  Z
T  N  O  O  I  M  U  U  V  E  P  H  E  A
I  Y  T  A  L  E  K  O  C  S  R  J  K  K
H  L  C  D  W  L  D  I  K  E  P  A  N  G
B  E  R  G  E  L  O  M  B  A  N  G  N  C
```

| | |
|---|---|
| BOTAK | ABU-ABU |
| HITAM | SEHAT |
| PIRANG | PANJANG |
| DIKEPANG | BERKILAU |
| KEPANG | PENDEK |
| COKELAT | LEMBUT |
| BERWARNA | TEBAL |
| IKAL | TIPIS |
| KERITING | BERGELOMBANG |
| KERING | PUTIH |

# 80 - Garden

```
X  M  R  C  U  H  O  A  U  U  T  A  B  L
E  D  I  N  N  I  L  O  P  M  A  R  T  B
P  B  E  R  A  N  D  A  C  E  N  W  Z  V
A  B  N  B  S  E  S  S  I  P  A  U  Y  X
G  A  I  L  V  A  E  D  R  A  H  C  R  O
A  N  V  S  Z  I  K  T  S  V  M  V  G  A
R  G  Z  T  E  C  O  U  E  H  A  F  A  M
C  K  X  Q  T  M  P  G  C  R  A  M  R  K
Y  U  O  D  U  C  A  I  C  A  A  W  A  E
A  Q  J  E  P  K  X  K  V  N  B  S  S  B
K  O  L  A  M  P  O  H  O  N  U  Q  I  U
M  W  A  T  U  M  U  P  A  Y  N  E  M  N
H  Z  S  E  R  G  U  L  M  A  G  A  P  Y
S  E  L  A  N  G  K  M  W  A  A  J  P  R
```

BANGKU                 BERANDA
SEMAK                  MENYAPU
PAGAR                  BATU
BUNGA                  SEKOP
GARASI                 TANAH
KEBUN                  TERAS
RUMPUT                 TRAMPOLIN
SELANG                 POHON
ORCHARD                VINE
KOLAM                  GULMA

# 81 - Diplomacy

```
G  Y  D  P  W  E  V  U  S  E  T  I  K  A
Y  U  E  O  S  A  K  E  D  U  T  A  A  N
L  S  Y  L  U  H  R  C  U  W  F  S  H  A
T  D  C  I  V  I  C  G  B  G  W  A  A  L
H  D  X  T  A  O  W  R  A  T  P  T  T  I
F  X  I  I  S  U  L  O  S  Q  P  I  N  D
I  S  U  K  S  I  D  W  L  M  E  N  I  A
K  O  N  F  L  I  K  L  U  A  N  U  R  E
O  L  T  N  A  A  I  S  U  N  A  M  E  K
K  E  A  M  A  N  A  N  C  L  S  O  M  R
D  I  P  L  O  M  A  T  I  K  I  K  E  Y
I  N  T  E  G  R  I  T  A  S  H  M  P  I
D  U  T  A  B  E  S  A  R  X  A  K  B  C
R  E  S  O  L  U  S  I  R  B  T  J  O  S
```

| | |
|---|---|
| PENASIHAT | ETIKA |
| DUTA BESAR | PEMERINTAH |
| WARGA | KEMANUSIAAN |
| CIVIC | INTEGRITAS |
| KOMUNITAS | KEADILAN |
| KONFLIK | POLITIK |
| DIPLOMATIK | RESOLUSI |
| DISKUSI | KEAMANAN |
| KEDUTAAN | SOLUSI |

# 82 - Countries #1

```
F R U M A N I A M W T W I H
I Q L J U R D D V E H T L Y
N A M R E J R V R P S J V D
L A I G E W R O N F R I Z P
A D T N I K A R A G U A R O
N A A V L I Z A R B G X T L
D N L R E V I E T N A M E A
I A I B A N P A N A M A L N
A K A L R M E L A T V I A D
H N V I S S A Z R H D W G I
G L I B I A U R U Z P I E A
P H H Y R W J N O E W A N G
V I K A R I C B J K L X E E
S P A N Y O L M B C O A S W
```

| | |
|---|---|
| BRAZIL | MAROKO |
| KANADA | NIKARAGUA |
| MESIR | NORWEGIA |
| FINLANDIA | PANAMA |
| JERMAN | POLANDIA |
| IRAK | RUMANIA |
| ISRAEL | SENEGAL |
| ITALIA | SPANYOL |
| LATVIA | VENEZUELA |
| LIBYA | VIETNAM |

# 83 - Adjectives #1

```
J  M  T  H  U  U  M  P  E  N  T  I  N  G
J  D  V  G  N  A  N  E  S  T  Z  N  P  O
A  M  B  I  S  I  U  S  N  L  F  W  L  A
L  A  M  B  A  T  N  C  K  A  L  T  U  M
M  E  M  B  A  N  T  U  I  F  R  O  M  D
A  R  O  M  A  T  I  K  T  H  Q  I  V  E
C  A  L  B  G  H  A  D  N  I  H  C  K  R
M  O  D  E  R  N  R  M  E  D  J  L  G  M
T  W  S  H  A  Z  T  K  D  U  U  Q  W  A
B  N  U  Q  H  S  I  P  I  T  J  P  Y  W
S  E  I  T  R  L  S  K  E  C  U  A  W  A
Y  J  R  Z  E  X  T  H  G  C  R  L  D  N
J  J  E  A  B  S  I  T  O  S  K  E  I  I
K  W  S  X  T  P  K  Z  O  G  B  G  V  T
```

| | |
|---|---|
| MUTLAK | BERAT |
| AMBISIUS | MEMBANTU |
| AROMATIK | JUJUR |
| ARTISTIK | IDENTIK |
| MENARIK | PENTING |
| INDAH | MODERN |
| GELAP | SERIUS |
| EKSOTIS | LAMBAT |
| DERMAWAN | TIPIS |
| SENANG | BERHARGA |

# 84 - Landscapes

```
G U N U N G B E R A P I O S
J G M V H C H R D R H R U E
I F Q W W I I V G B A P X M
A R D N U T G G N I B E T E
G U N U N G E S U S M Z A N
N I K P U L A U R A E H F A
U B L G H Y P T U A L M U N
S F G L L P A X G R A W A J
V W N I N E A D A N A U G U
U P Q V B D T N V V E D E N
O A S I S X D S T S J E Y G
G U N U N G S Z E A W Q S T
A I R T E R J U N R I T E B
B U K I T H J G Z O B N R Y
```

| | |
|---|---|
| PANTAI | GUNUNG |
| GUA | OASIS |
| TEBING | SEMENANJUNG |
| GURUN | SUNGAI |
| GEYSER | LAUT |
| GLETSER | RAWA |
| BUKIT | TUNDRA |
| GUNUNG ES | LEMBAH |
| PULAU | GUNUNG BERAPI |
| DANAU | AIR TERJUN |

# 85 - Visual Arts

```
A N E P M O I O K F K P C G
G R L M H K X S X O R E I A
G U T L I S N E P T E R G R
N P E I A Z M G T O A S K S
A A R F S I N R E P T P O I
Y K T T P N C V Z L I E M T
N I O K H A F Z Z I V K P E
E M P D T S T A I L I T O K
P A A B K I V U G I T I S T
W R L N G K Z Q N N A F I U
E E L W I U T W A G S X S R
L K O V C L A K R B P L I E
J U D Z X A Y R A K A H A M
T A N A H L I A T Q T X B P
```

| | |
|---|---|
| ARSITEKTUR | MAHAKARYA |
| ARTIS | LUKISAN |
| KERAMIK | PENA |
| KAPUR | PENSIL |
| ARANG | PERSPEKTIF |
| TANAH LIAT | FOTO |
| KOMPOSISI | POTRET |
| KREATIVITAS | PATUNG |
| PENYANGGA | PERNIS |
| FILM | LILIN |

# 86 - Plants

```
B V D C A K H G B R P Z Y K
A E E L G N U B A T A N G I
M G D B Q G T T Y U F K N V
B E A V O G A L Z P L A A Y
U T U S C T N W I M O G C R
N A N A B I A D T U R O A R
S S A L J T T N I R A M K E
U I N S E M A K I Z L D O B
T R B U N G A K E L O P A K
K H U T O C Y M C S Z W D K
A E K U H O I M V X Z M W Y
K M B M O H C D X F A I D I
I E Z U P C J I P U P U K B
O M Q L N K S D H E P Q D T
```

| | |
|---|---|
| BAMBU | HUTAN |
| KACANG | KEBUN |
| BERRY | RUMPUT |
| BOTANI | IVY |
| SEMAK | LUMUT |
| KAKTUS | KELOPAK |
| PUPUK | AKAR |
| FLORA | BATANG |
| BUNGA | POHON |
| DEDAUNAN | VEGETASI |

# 87 - Boxing

```
I  L  A  T  F  G  D  S  S  D  X  F  K  A
J  O  Q  I  U  B  P  I  U  S  E  D  E  M
A  N  K  S  T  B  Z  K  D  B  S  M  K  P
Z  C  Z  A  R  I  U  U  F  A  C  U  V
Y  E  E  W  D  C  N  H  T  O  R  B  A  O
U  N  D  P  O  I  N  J  O  K  U  I  T  P
N  G  N  A  U  J  E  P  U  U  N  R  A  J
G  X  V  D  G  Y  S  I  E  S  G  X  N  B
N  A  H  I  L  U  M  E  P  B  T  E  I  N
N  M  E  N  E  N  D  A  N  G  A  S  W  H
L  E  L  A  H  C  E  P  A  T  N  G  H  Z
D  B  L  W  F  X  U  H  F  O  G  X  H  U
M  I  N  A  I  L  H  A  E  K  A  M  I  Q
X  C  T  L  O  D  D  M  Z  E  N  G  C  J
```

| | |
|---|---|
| LONCENG | MENENDANG |
| TUBUH | LAWAN |
| DAGU | POIN |
| SUDUT | CEPAT |
| SIKU | PEMULIHAN |
| LELAH | WASIT |
| PEJUANG | TALI |
| TINJU | KEAHLIAN |
| FOKUS | KEKUATAN |
| SARUNG TANGAN | |

# 88 - Countries #2

```
L X Q A I P O I H T E P Y S
X I B K L B L O F Q U A U O
L S B I P B T W Q A G K N M
O U Q A G H A J B G A I A A
K R A M N E D N B M N S N L
I I I A A O W A I M D T I I
S A S J P S N D T A A A T A
K H U X E A U U T W R N I U
E R R Q J X N S L A O S A K
M L I B E R I A N U H C H R
V N I G E R I A N E M B O A
V V J I N J I O Z L P G L I
A F N R F O I Y Z Y U A Q N
Q H N A M G K C O V I A L A
```

ALBANIA          MEKSIKO
DENMARK          NEPAL
ETHIOPIA         NIGERIA
YUNANI           PAKISTAN
HAITI            RUSIA
JAMAIKA          SOMALIA
JEPANG           SUDAN
LAOS             SURIAH
LIBANON          UGANDA
LIBERIA          UKRAINA

# 89 - Ecology

```
B  A  F  G  E  N  A  A  D  E  B  R  E  P
E  L  A  L  T  S  L  Z  R  G  E  D  Y  L
R  A  U  O  I  S  A  T  I  N  U  M  O  K
K  M  N  B  K  B  M  U  K  U  I  G  D  S
E  S  A  A  L  W  I  A  E  N  A  J  V  O
L  K  F  L  I  N  P  L  K  U  M  N  Z  P
A  W  A  R  M  R  Z  K  E  G  E  G  X  T
N  F  H  N  A  Y  A  D  R  E  B  M  U  S
J  T  L  A  M  L  K  K  I  B  M  T  Z  H
U  V  A  O  B  Y  A  O  N  J  J  Q  I  Y
T  O  F  W  R  I  J  I  G  L  E  J  P  D
A  R  L  X  W  A  T  I  A  D  Z  N  O  Y
N  A  M  A  N  A  T  A  N  I  F  R  I  G
V  A  R  I  A  S  I  M  T  J  L  S  O  S
```

| | |
|---|---|
| IKLIM | RAWA |
| KOMUNITAS | GUNUNG |
| PERBEDAAN | ALAMI |
| KEKERINGAN | ALAM |
| FAUNA | TANAMAN |
| FLORA | SUMBER DAYA |
| GLOBAL | JENIS |
| HABITAT | BERKELANJUTAN |
| LAUT | VARIASI |

# 90 - Adjectives #2

```
T E R K E N A L A A I E L B
I M O T A H E S S E S T C A
B W C D V L Y R L X A I G N
Q A M T M K A B I S N Y N G
G U R A P A L M E X A V I G
I F X U T K F J I W P W R A
N R P K B E R B A K A T E R
M E N A R I K L I A R G K H
Z P R O D U K T I F M B U E
M E N G A N T U K E M G Z L
M Y J D E S K R I P T I F E
A W H K R E A T I F M B D G
D R A M A T I S Z M X B W A
I Y R P B T B Z Q B V U K N
```

| | |
|---|---|
| ASLI | LAPAR |
| KREATIF | MENARIK |
| DESKRIPTIF | ALAMI |
| DRAMATIS | BARU |
| KERING | PRODUKTIF |
| ELEGAN | BANGGA |
| TERKENAL | ASIN |
| BERBAKAT | MENGANTUK |
| SEHAT | KUAT |
| PANAS | LIAR |

# 91 - Psychology

```
K K O G N I S I T F I V G Z
T E O W P E R S E P S I X W
K E P I S C V X A D A P K A
L G R R M I Y V B R S E O P
I S X A I J N A J D N N N E
N A U J P B T C U B E G F R
I T Q H F I A G H H S A L I
S I D N M Z E D I A E L I L
N L B A Q V B M I L G A K A
A A L R E S L U O A M F K
P E N I L A I A N S N A K U
Q R K K W V L G W A I N I G
W L M I M P I J L M P B C U
C V I P R Z P E N G A R U H
```

JANJI

PENILAIAN

PERILAKU

KLINIS

KOGNISI

KONFLIK

MIMPI

EGO

EMOSI

PENGALAMAN

IDE

PENGARUH

PERSEPSI

KEPRIBADIAN

MASALAH

REALITAS

SENSASI

TERAPI

PIKIRAN

# 92 - Math

```
P  R  O  M  O  N  V  O  L  U  M  E  K  P
A  A  A  X  Q  C  T  Z  E  J  P  H  H  A
R  K  V  D  I  R  T  E  M  O  E  G  I  R
A  G  M  X  I  R  F  R  H  O  R  T  T  A
L  N  K  W  N  U  T  U  D  U  S  U  U  L
E  I  T  Y  A  P  S  E  W  Y  E  F  N  L
L  L  F  Y  A  I  G  B  M  S  G  P  G  E
P  E  R  I  M  E  T  E  R  I  I  Z  W  L
F  U  B  S  A  R  Y  J  C  D  S  R  T  O
B  X  A  I  S  Y  D  E  S  I  M  A  L  G
B  R  S  V  R  F  R  A  K  S  I  C  M  R
C  C  L  I  E  S  E  G  I  T  I  G  A  A
K  G  N  D  P  D  I  A  M  E  T  E  R  M
E  K  S  P  O  N  E  N  O  G  I  L  O  P
```

| | |
|---|---|
| SUDUT | NOMOR |
| HITUNG | PARALEL |
| LINGKAR | PARALLELOGRAM |
| DESIMAL | PERIMETER |
| DIAMETER | POLIGON |
| DIVISI | RADIUS |
| PERSAMAAN | PERSEGI |
| EKSPONEN | SIMETRI |
| FRAKSI | SEGITIGA |
| GEOMETRI | VOLUME |

# 93 - Activities

```
K U R U B R E B T V V R K M
E M E I T M H C N U E A E Q
A G K U H P E T P Z G J S V
H G R B K I D D D O J U E V
L C E W M M S S S P T N K
I N A N I J A R E K X A A E
A D S A T I V I T K A N N R
N Y I R G C A M P I N G G A
B E R K E B U N Z N H W A M
P E R M A I N A N E I A N I
R E L A K S A S I S K E J K
F O T O G R A F I L I Q Q U
M E M B A C A C B X N N Q O
H S E M I N A T S E G W F S
```

| | |
|---|---|
| AKTIVITAS | RAJUTAN |
| SENI | REKREASI |
| CAMPING | SIHIR |
| KERAMIK | FOTOGRAFI |
| KERAJINAN | KESENANGAN |
| PERMAINAN | MEMBACA |
| BERKEBUN | RELAKSASI |
| HIKING | JAHIT |
| BERBURU | KEAHLIAN |
| MINAT | |

# 94 - Business

```
W J K A J A P J M M L I A R
D I S K O N E J A A T N N W
P L G J F A N F J R C V G V
K A N T O R J M I M M E G M
G Q P W S X U E K J M S A A
K B I A Y A A B A L U T R N
A M W Y E E L Y N K K A A A
R N A T A P A D N E P S N J
Y K W T M N N T O K O I H E
A I A I A K E U A N G A N R
W R B R B U Q I C P I P X T
A B U C I I A E K O N O M I
N A N N B E P N K L G K T J
L P M U D E R V G N A U C A
```

ANGGARAN          PENDAPATAN
KARIER            INVESTASI
BIAYA             MANAJER
MATA UANG         UANG
DISKON            KANTOR
EKONOMI           LABA
KARYAWAN          PENJUALAN
MAJIKAN           TOKO
PABRIK            PAJAK
KEUANGAN

# 95 - The Company

```
T Q O U I K U A L I T A S I
O I S A T N E S E R P J K N
T Y E H T G O G D U S Z N V
X A E U U K J V L P N W F E
T R E N Q I Z H A O K I Z S
R E P U T A S I T T B U T T
P E N D A P A T A N I A L A
P R O F E S I O N A L F L S
K R E A T I F K T U B K K I
I N D U S T R I C J I P L F
Y B T D E Y M S W A S N K E
P R O D U K K I J M N W C C
Y Z I Q A Y U R M E I M C B
L N A S U T U P E K S P W O
```

BISNIS              PROFESIONAL
KREATIF             KEMAJUAN
KEPUTUSAN           KUALITAS
GLOBAL              REPUTASI
INDUSTRI            PENDAPATAN
INOVATIF            RISIKO
INVESTASI           TREN
PRESENTASI          UNIT
PRODUK

# 96 - Literature

```
D M D F G C Q F J P X L S E
A N X Q O Y O I D E G A R T
N O V E L I S P I R K S E D
M I D G A Q I J G B A F I N
E B R Q I Q L M O A N I A A
T A I A D V U S L N E K P R
A X S O M K N C A D K S U A
F U I S G A E N N I D I I T
O B U D A R P T A N O F T O
R S P Y J J A Y A G T F I R
A G A Y A M A F G A C H S S
T E M A Q V M K I N I A N I
Q O X A N A L I S I S Q L P
Z F I K E S I M P U L A N S
```

ANALOGI
ANALISIS
ANEKDOT
PENULIS
BIOGRAFI
PERBANDINGAN
KESIMPULAN
DESKRIPSI
DIALOG
FIKSI

METAFORA
NARATOR
NOVEL
PUISI
PUITIS
SAJAK
IRAMA
GAYA
TEMA
TRAGEDI

# 97 - Geography

```
K  J  Y  B  R  Q  J  W  R  G  U  R  G  B
X  H  K  S  M  T  J  I  A  T  O  K  A  E
T  R  A  A  Q  U  P  L  T  X  H  M  R  L
N  R  B  T  N  A  T  A  L  E  S  E  I  A
K  E  Z  E  U  L  G  Y  A  Y  G  R  S  H
E  T  G  P  N  L  G  A  S  F  U  I  L  A
T  X  T  A  V  U  I  H  B  K  N  D  I  N
I  C  Y  K  R  K  A  S  N  D  U  I  N  B
N  N  P  N  X  A  R  E  T  A  N  A  T  U
G  L  Z  M  P  Y  A  E  A  I  G  N  A  M
G  P  U  L  A  U  T  B  R  N  W  G  N  I
I  A  G  N  U  S  U  V  A  U  R  A  G  K
A  E  L  E  V  A  S  I  B  D  A  A  I  L
N  D  T  Z  G  J  P  E  A  X  E  R  A  I
```

| | |
|---|---|
| KETINGGIAN | PETA |
| ATLAS | MERIDIAN |
| KOTA | GUNUNG |
| BENUA | UTARA |
| NEGARA | SUNGAI |
| ELEVASI | LAUT |
| KHATULISTIWA | SELATAN |
| BELAHAN BUMI | WILAYAH |
| PULAU | BARAT |
| GARIS LINTANG | DUNIA |

# 98 - Jazz

```
B V X K O G U O K S M G I M
S A V L E P F R E S N O K J
C Y R L A N E K R E T X W W
B B B U P N R E S O P M O K
U G A L M Z C S I F E U R A
I G K Y T U A T T E P B S X
Q Q A V A S H R R I H L N D
E K T H H G P A A E R A P R
I M P R O V I S A S I A V U
K O M P O S I S I T V S M M
F A V O R I T Y M L W J V A
G D T E P U K T A N G A N O
I J K M U S I K I N K E T D
G P C W A T E K A N A N O F
```

ALBUM
TEPUK TANGAN
ARTIS
KOMPOSER
KOMPOSISI
KONSER
DRUM
TEKANAN
TERKENAL
FAVORIT

IMPROVISASI
MUSIK
BARU
TUA
ORKESTRA
IRAMA
LAGU
GAYA
BAKAT
TEKNIK

# 99 - Nature

```
G C R X A W A N S K A D A V
Q U R X J Q C C I P R E S I
L Z R R W J P L M M K D U T
Y S B U L L E B A H T A A A
A K U I N N M A N O I U K L
D P I Q Y S U U I Z K N A E
H U T A N W G L D X U A Y R
S U G N A T A N I B B N C O
W G U H L G L E T S E R E S
M E N S U N G A I I G X D I
L D U A Y I I H S P R E N H
I J N T N B P O T O R W Z D
A L G E C E N B Y R K I I V
R D D J E T T S O T U B A K
```

| | |
|---|---|
| BINATANG | HUTAN |
| ARKTIK | GLETSER |
| LEBAH | GUNUNG |
| TEBING | TENANG |
| AWAN | SUNGAI |
| GURUN | SUAKA |
| DINAMIS | TROPIS |
| EROSI | VITAL |
| KABUT | LIAR |
| DEDAUNAN | |

# 100 - Vacation #2

```
T R A N S P O R T A S I T W
P N O R A N G A S I N G E Y
N A N A L A J R E P L R N L
K U S J I P C J N J C E D J
Y J W P J C B U I Y A K A A
T U V V O B C A E S M R U Y
W T U A L R G B S C P E J B
O W J Y J Q N A A V I A P P
F K P U L A U N S K N S K A
L I B U R A N D I E G I N N
N E I H P P U A N R V D D T
T A K S I E G R G E O I R A
J J C T W A T A W T B U S I
H O T E L P U A G A Q R H A
```

BANDARA
PANTAI
CAMPING
TUJUAN
ASING
ORANG ASING
LIBURAN
HOTEL
PULAU
PERJALANAN

REKREASI
PETA
GUNUNG
PASPOR
LAUT
TAKSI
TENDA
KERETA
TRANSPORTASI
VISA

# 1 - Antiques

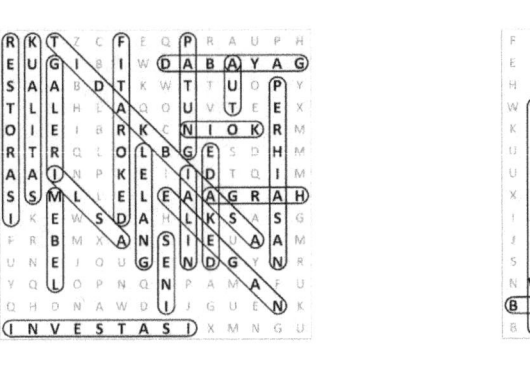

# 2 - Food #1

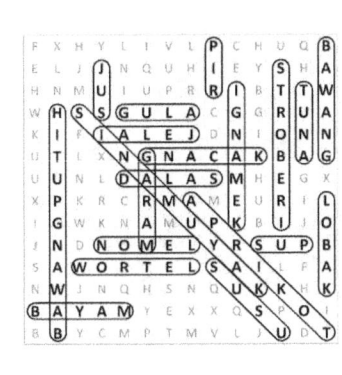

# 3 - Measurements

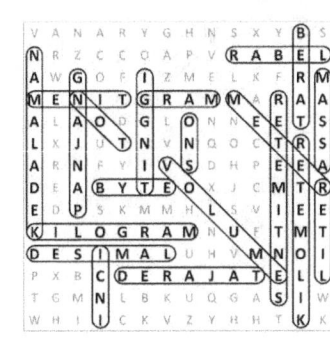

# 4 - Farm #2

# 5 - Books

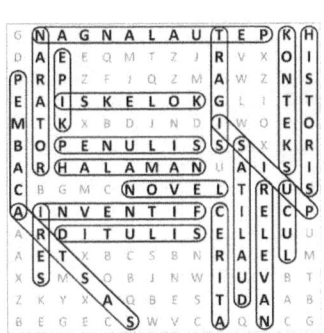

# 6 - Meditation

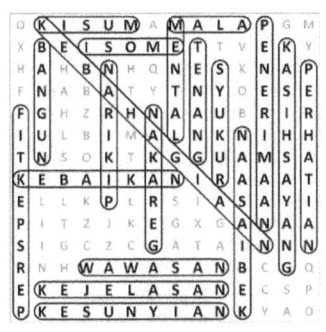

# 7 - Days and Months

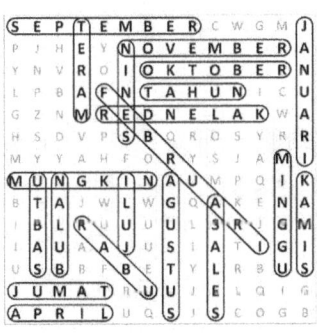

# 8 - Energy

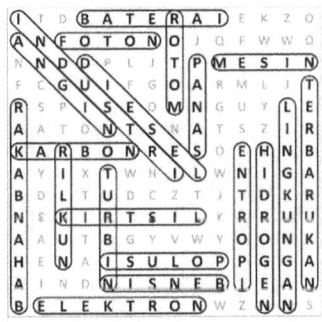

# 9 - Chess

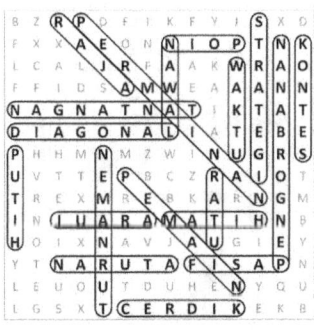

# 10 - Archeology

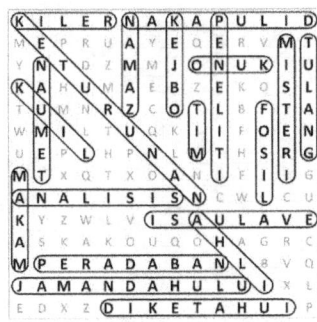

# 11 - Food #2

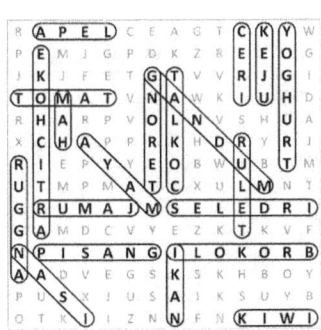

# 12 - Chemistry

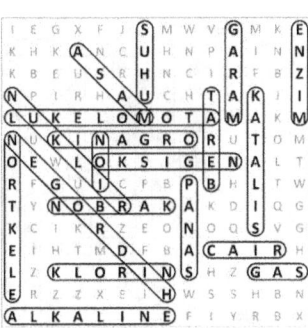

## 13 - Music

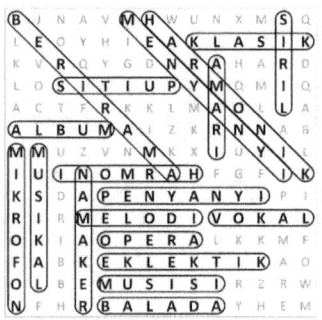

## 14 - Farm #1

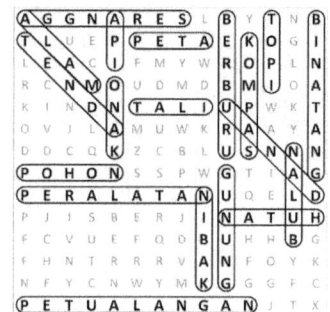

## 15 - Camping

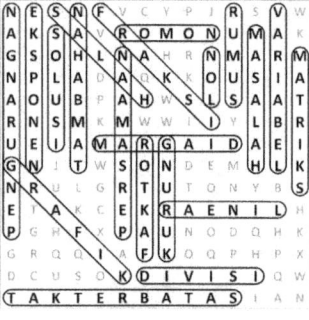

## 16 - Algebra

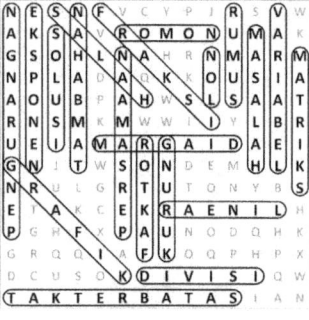

## 17 - Numbers

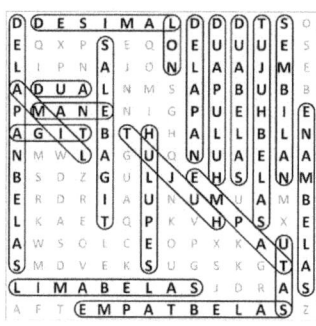

## 18 - Spices

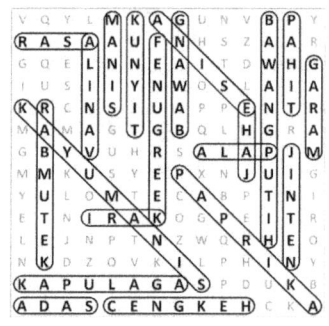

## 19 - Universe

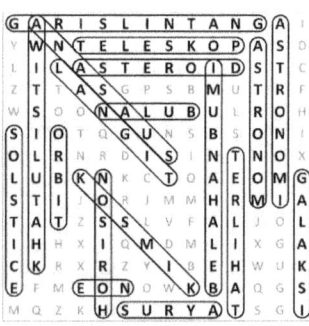

## 20 - Mammals

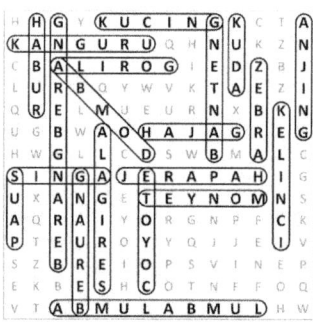

## 21 - Bees

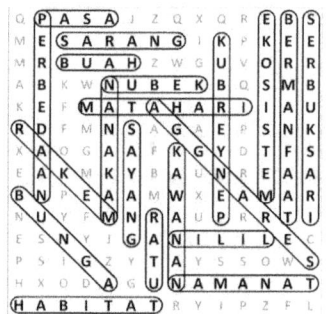

## 22 - Photography

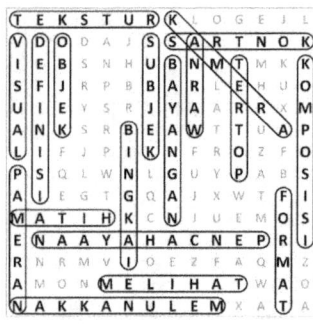

## 23 - Weather

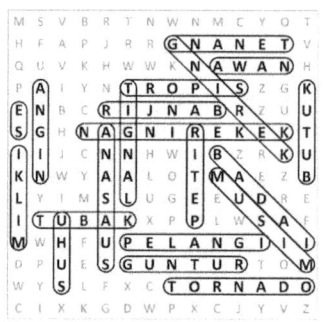

## 24 - Adventure

## 25 - Circus

## 26 - Restaurant #2

## 27 - Geology

## 28 - House

## 29 - Physics

## 30 - Dance

## 31 - Coffee

## 32 - Climbing

## 33 - Shapes

## 34 - Scientific Disciplines

## 35 - Science

## 36 - Beauty

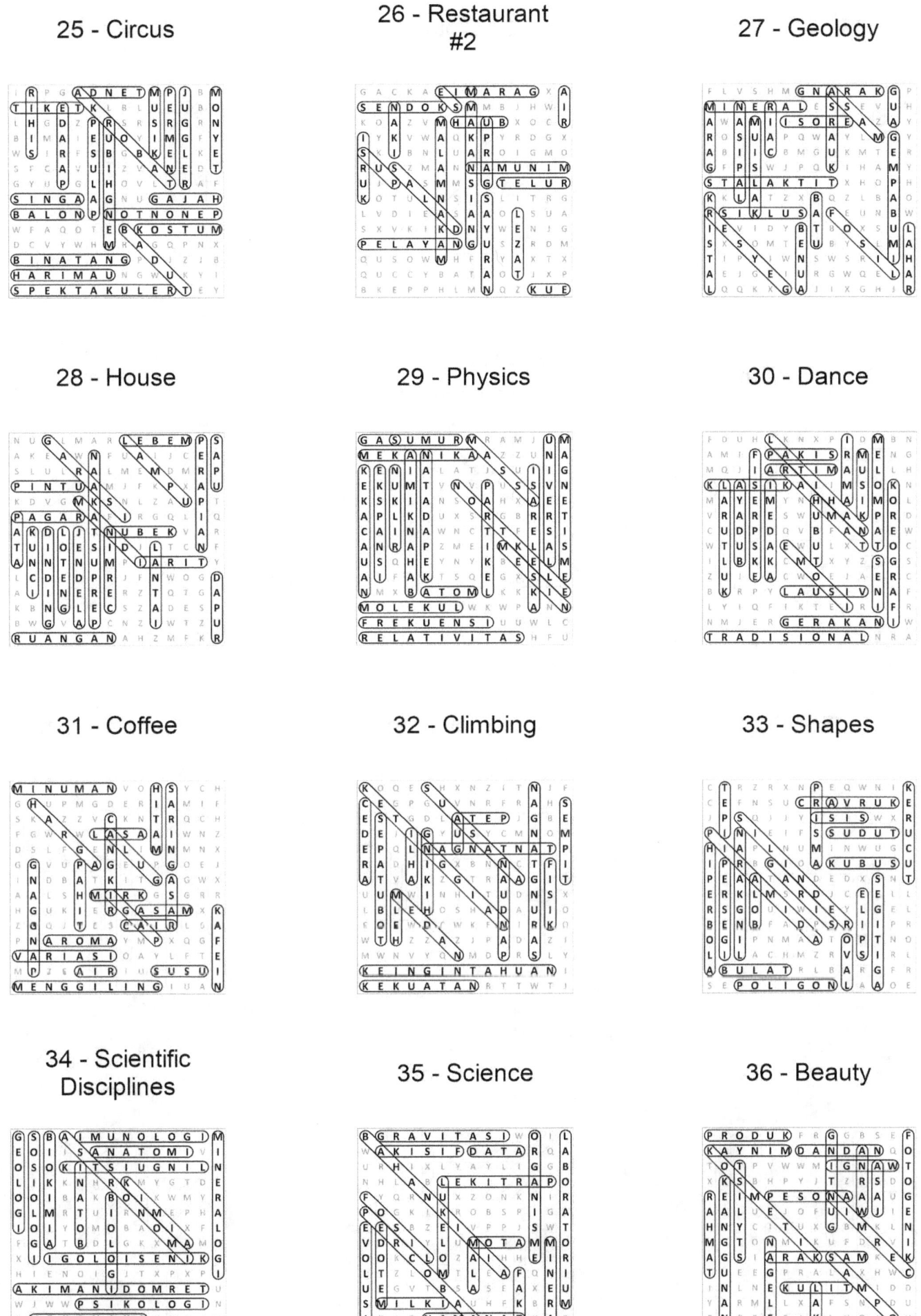

## 37 - To Fill

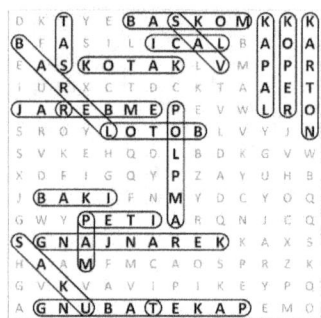

## 38 - Clothes

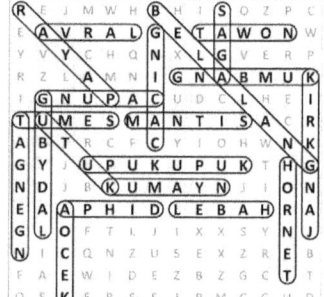

## 39 - Insects

## 40 - Astronomy

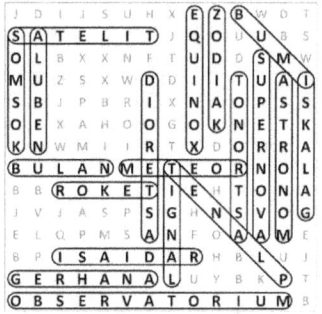

## 41 - Health and Wellness #2

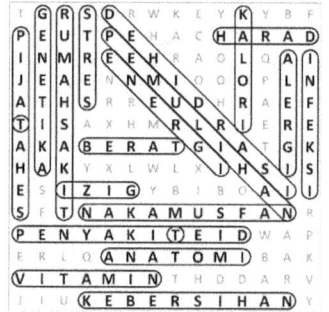

## 42 - Time

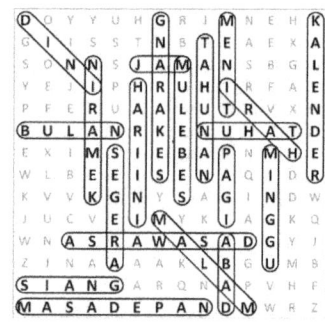

## 43 - Buildings

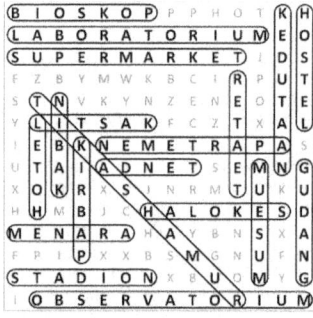

## 44 - Philanthropy

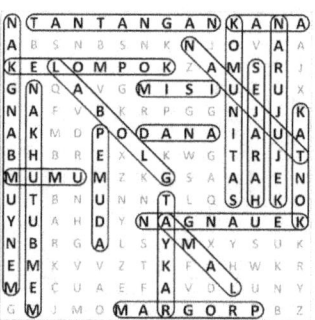

## 45 - Herbalism

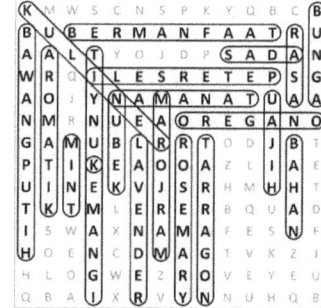

## 46 - Vehicles

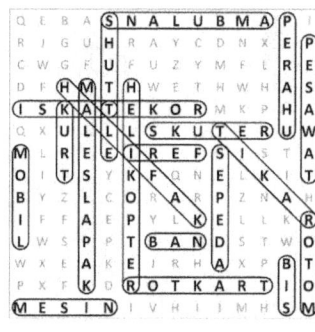

## 47 - Flowers

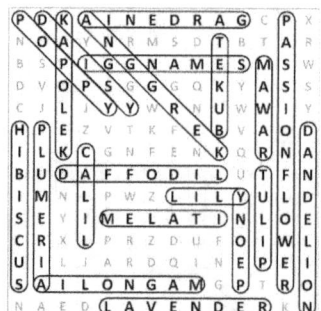

## 48 - Health and Wellness #1

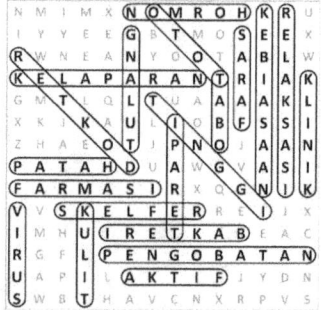

## 49 - Town

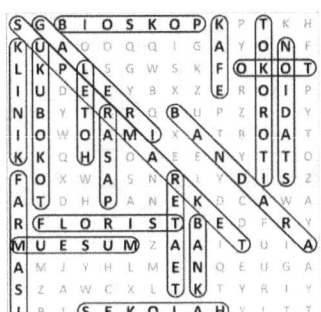

## 50 - Antarctica

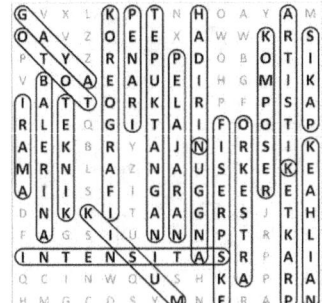

## 51 - Ballet

## 52 - Fashion

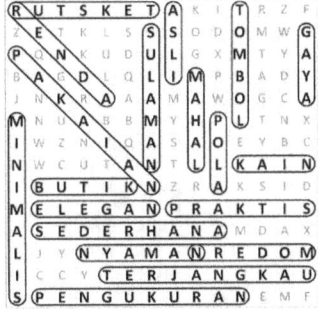

## 53 - Human Body

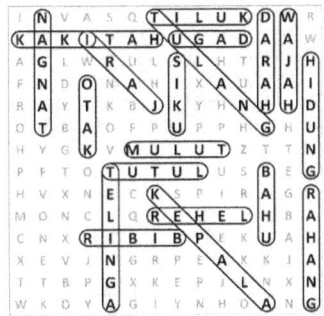

## 54 - Musical Instruments

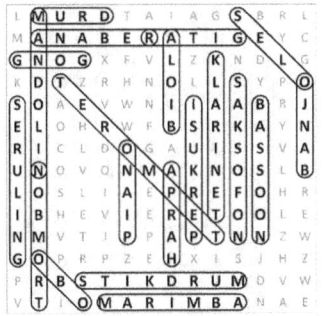

## 55 - Fruit

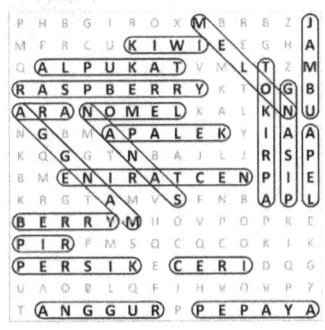

## 56 - Engineering

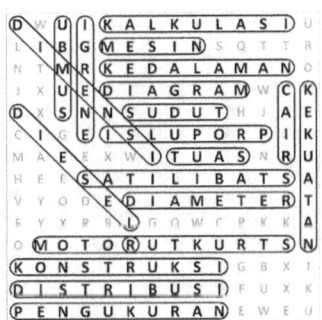

## 57 - Government

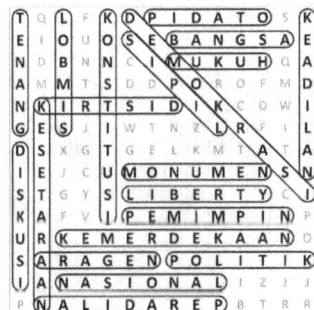

## 58 - Art Supplies

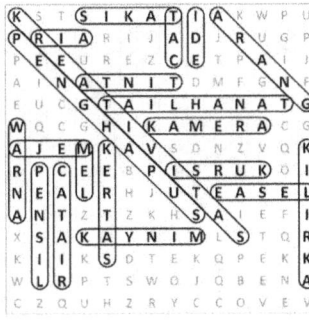

## 59 - Science Fiction

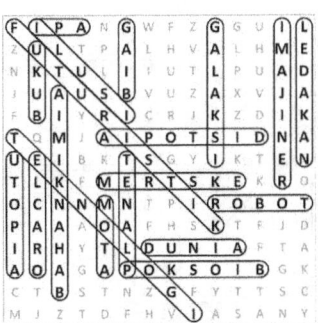

## 60 - Geometry

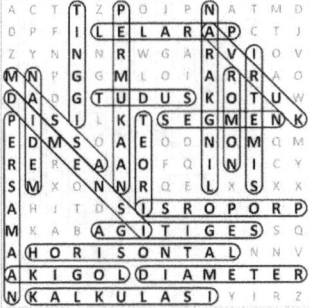

## 61 - Creativity

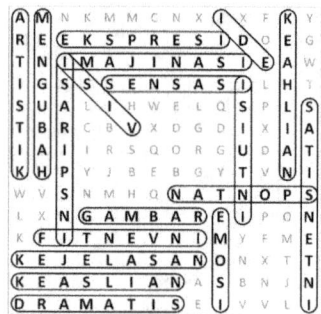

## 62 - Airplanes

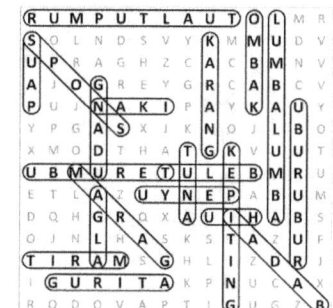

## 63 - Ocean

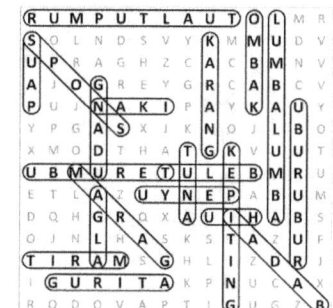

## 64 - Force and Gravity

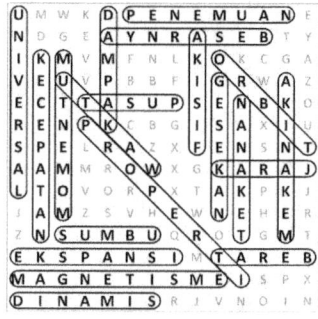

## 65 - Birds

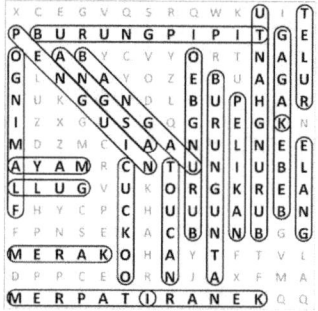

## 66 - Nutrition

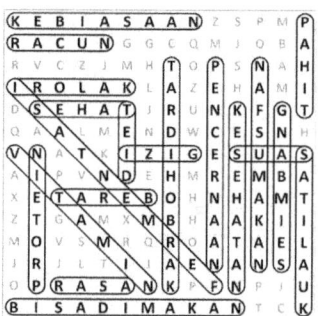

## 67 - Hiking

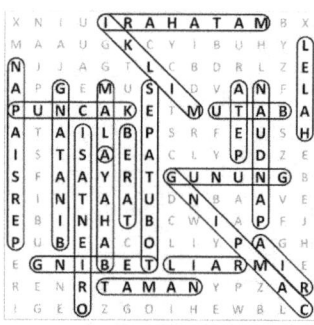

## 68 - Professions #1

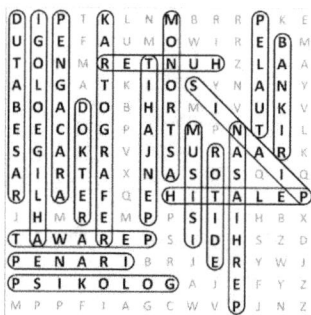

## 69 - Barbecues

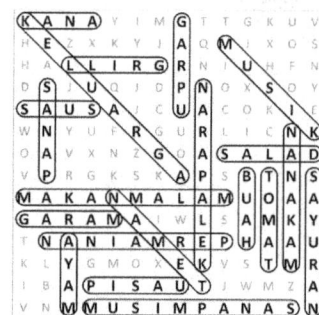

## 70 - Chocolate

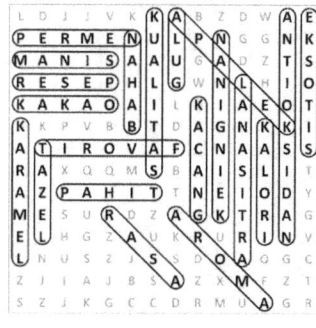

## 71 - Vegetables

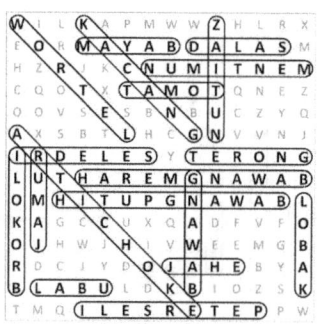

## 72 - The Media

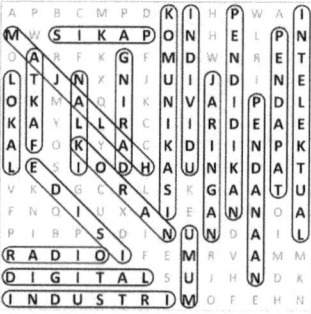

## 73 - Boats

## 74 - Activities and Leisure

## 75 - Driving

## 76 - Professions #2

## 77 - Emotions

## 78 - Mythology

## 79 - Hair Types

## 80 - Garden

## 81 - Diplomacy

## 82 - Countries #1

## 83 - Adjectives #1

## 84 - Landscapes

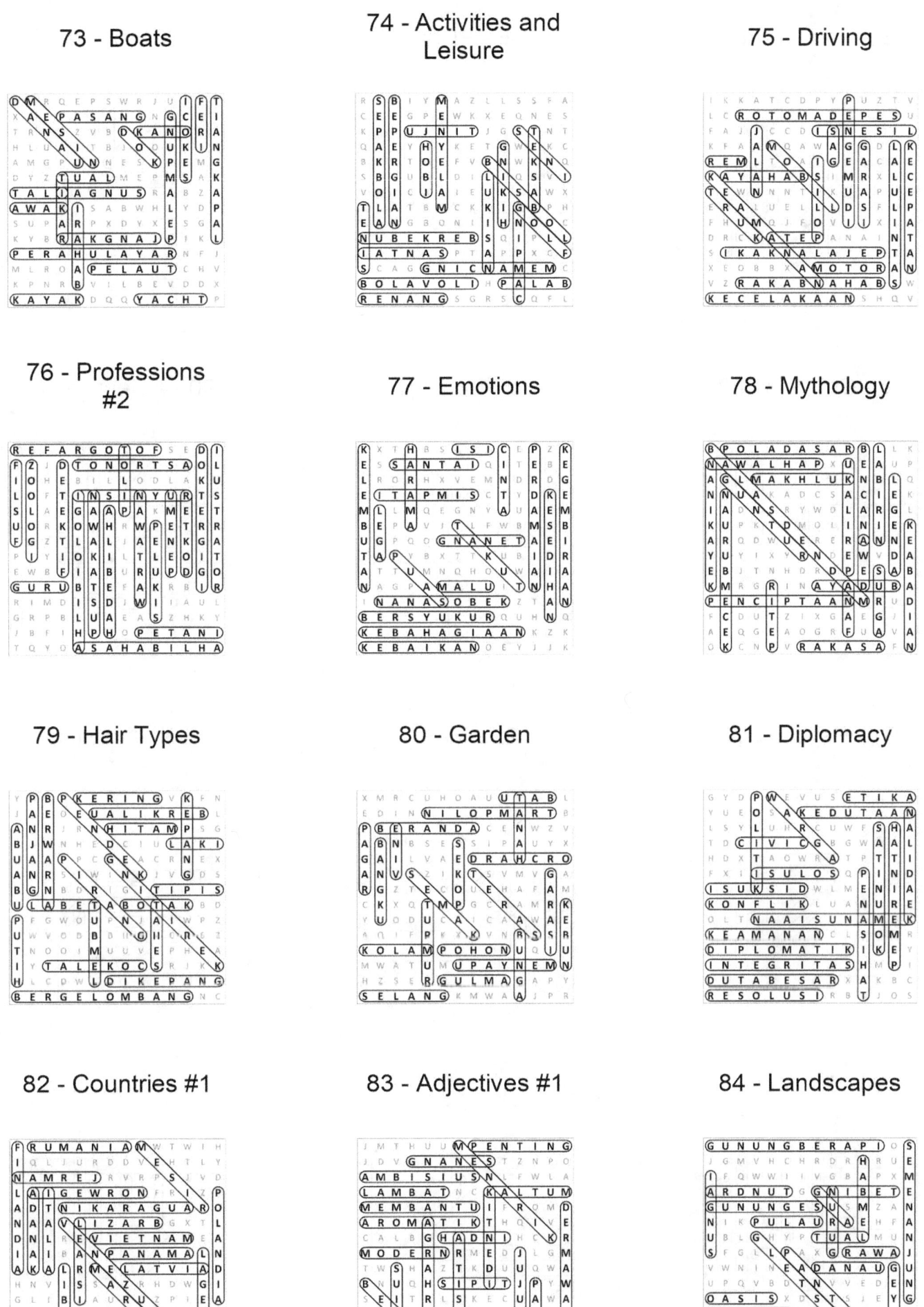

## 85 - Visual Arts

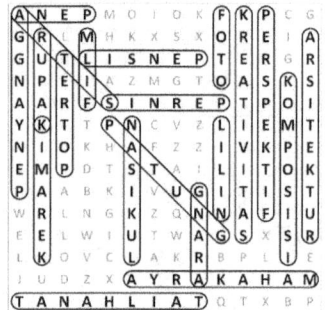

## 86 - Plants

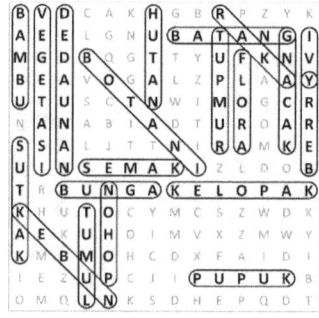

## 87 - Boxing

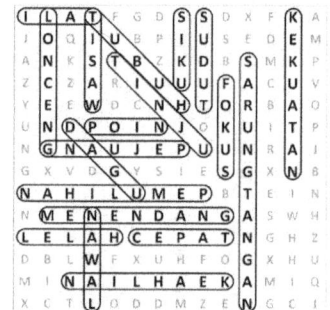

## 88 - Countries #2

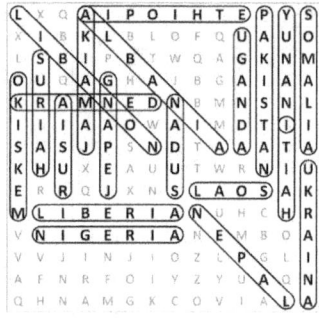

## 89 - Ecology

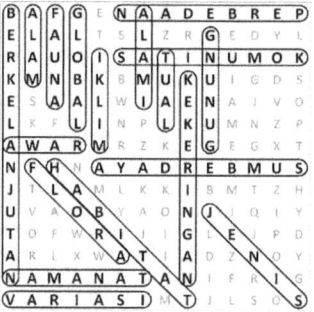

## 90 - Adjectives #2

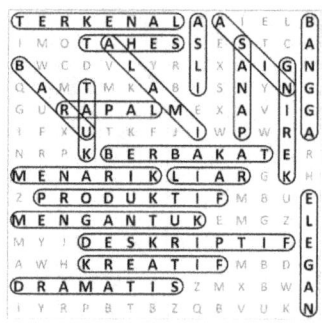

## 91 - Psychology

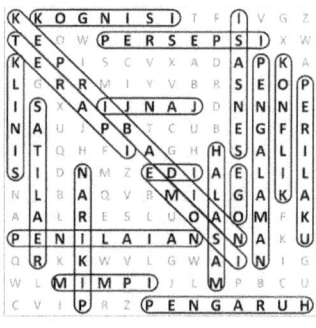

## 92 - Math

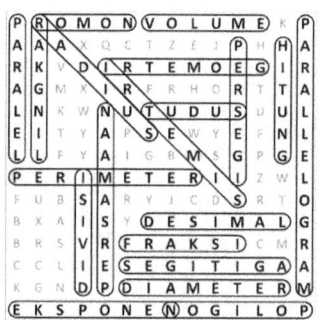

## 93 - Activities

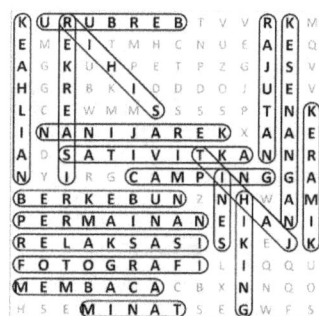

## 94 - Business

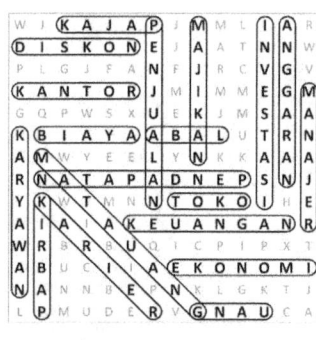

## 95 - The Company

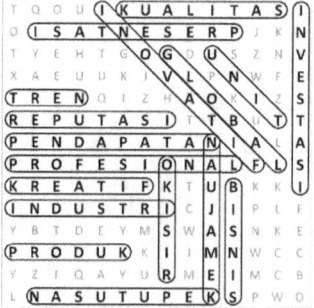

## 96 - Literature

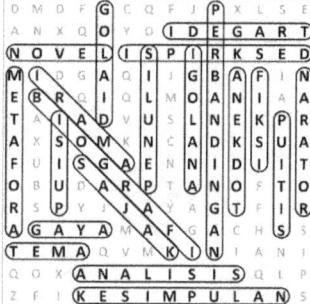

## 97 - Geography

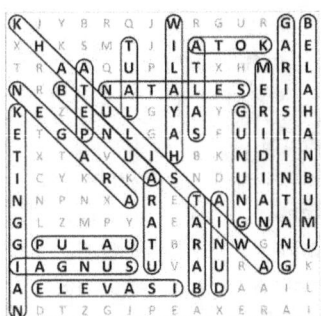

## 98 - Jazz

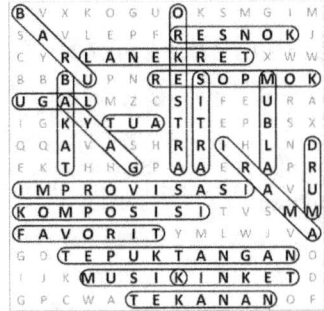

## 99 - Nature

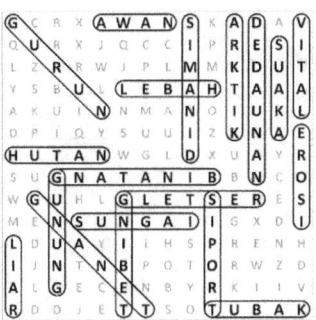

## 100 - Vacation #2

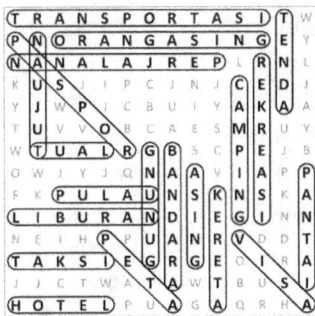

# Dictionary

## Activities
### Kegiatan

| | |
|---|---|
| **Activity** | Aktivitas |
| **Art** | Seni |
| **Camping** | Camping |
| **Ceramics** | Keramik |
| **Crafts** | Kerajinan |
| **Fishing** | Memancing |
| **Games** | Permainan |
| **Gardening** | Berkebun |
| **Hiking** | Hiking |
| **Hunting** | Berburu |
| **Interests** | Minat |
| **Knitting** | Rajutan |
| **Leisure** | Rekreasi |
| **Magic** | Sihir |
| **Photography** | Fotografi |
| **Pleasure** | Kesenangan |
| **Reading** | Membaca |
| **Relaxation** | Relaksasi |
| **Sewing** | Jahit |
| **Skill** | Keahlian |

## Activities and Leisure
### Aktivitas dan Kenyamanan

| | |
|---|---|
| **Art** | Seni |
| **Baseball** | Bisbol |
| **Basketball** | Basket |
| **Boxing** | Tinju |
| **Camping** | Camping |
| **Diving** | Menyelam |
| **Fishing** | Memancing |
| **Gardening** | Berkebun |
| **Golf** | Golf |
| **Hiking** | Hiking |
| **Hobbies** | Hobi |
| **Painting** | Lukisan |
| **Racing** | Balap |
| **Relaxing** | Santai |
| **Soccer** | Sepak Bola |
| **Surfing** | Berselancar |
| **Swimming** | Renang |
| **Tennis** | Tenis |
| **Travel** | Bepergian |
| **Volleyball** | Bola Voli |

## Adjectives #1
### Kata Sifat # 1

| | |
|---|---|
| **Absolute** | Mutlak |
| **Ambitious** | Ambisius |
| **Aromatic** | Aromatik |
| **Artistic** | Artistik |
| **Attractive** | Menarik |
| **Beautiful** | Indah |
| **Dark** | Gelap |
| **Exotic** | Eksotis |
| **Generous** | Dermawan |
| **Happy** | Senang |
| **Heavy** | Berat |
| **Helpful** | Membantu |
| **Honest** | Jujur |
| **Identical** | Identik |
| **Important** | Penting |
| **Modern** | Modern |
| **Serious** | Serius |
| **Slow** | Lambat |
| **Thin** | Tipis |
| **Valuable** | Berharga |

## Adjectives #2
### Kata Sifat #2

| | |
|---|---|
| **Authentic** | Asli |
| **Creative** | Kreatif |
| **Descriptive** | Deskriptif |
| **Dramatic** | Dramatis |
| **Dry** | Kering |
| **Elegant** | Elegan |
| **Famous** | Terkenal |
| **Gifted** | Berbakat |
| **Healthy** | Sehat |
| **Hot** | Panas |
| **Hungry** | Lapar |
| **Interesting** | Menarik |
| **Natural** | Alami |
| **New** | Baru |
| **Productive** | Produktif |
| **Proud** | Bangga |
| **Salty** | Asin |
| **Sleepy** | Mengantuk |
| **Strong** | Kuat |
| **Wild** | Liar |

## Adventure
### Petualangan

| | |
|---|---|
| **Activity** | Aktivitas |
| **Beauty** | Kecantikan |
| **Bravery** | Keberanian |
| **Challenges** | Tantangan |
| **Chance** | Kesempatan |
| **Dangerous** | Berbahaya |
| **Destination** | Tujuan |
| **Difficulty** | Kesulitan |
| **Enthusiasm** | Antusiasme |
| **Excursion** | Pesiar |
| **Friends** | Teman |
| **Itinerary** | Jadwal |
| **Joy** | Kegembiraan |
| **Nature** | Alam |
| **Navigation** | Navigasi |
| **New** | Baru |
| **Opportunity** | Peluang |
| **Preparation** | Persiapan |
| **Safety** | Keamanan |
| **Unusual** | Tidak Biasa |

## Airplanes
### Pesawat Terbang

| | |
|---|---|
| **Adventure** | Petualangan |
| **Air** | Udara |
| **Altitude** | Ketinggian |
| **Atmosphere** | Suasana |
| **Balloon** | Balon |
| **Construction** | Konstruksi |
| **Crew** | Awak |
| **Descent** | Keturunan |
| **Design** | Desain |
| **Engine** | Mesin |
| **Fuel** | Bahan Bakar |
| **Height** | Tinggi |
| **History** | Sejarah |
| **Hydrogen** | Hidrogen |
| **Landing** | Pendaratan |
| **Passenger** | Penumpang |
| **Pilot** | Pilot |
| **Propellers** | Baling-Baling |
| **Sky** | Langit |
| **Turbulence** | Turbulensi |

## Algebra
### Aljabar

| | |
|---|---|
| **Addition** | Tambahan |
| **Diagram** | Diagram |
| **Division** | Divisi |
| **Equation** | Persamaan |
| **Exponent** | Eksponen |
| **Factor** | Faktor |
| **False** | Salah |
| **Formula** | Rumus |
| **Fraction** | Fraksi |
| **Graph** | Grafik |
| **Infinite** | Tak Terbatas |
| **Linear** | Linear |
| **Matrix** | Matriks |
| **Number** | Nomor |
| **Parenthesis** | Kurung |
| **Problem** | Masalah |
| **Solution** | Solusi |
| **Subtraction** | Pengurangan |
| **Variable** | Variabel |
| **Zero** | Nol |

## Antarctica
### Antartika

| | |
|---|---|
| **Bay** | Teluk |
| **Birds** | Burung |
| **Clouds** | Awan |
| **Conservation** | Konservasi |
| **Continent** | Benua |
| **Environment** | Lingkungan |
| **Expedition** | Ekspedisi |
| **Geography** | Geografi |
| **Glaciers** | Gletser |
| **Ice** | Es |
| **Islands** | Pulau |
| **Migration** | Migrasi |
| **Minerals** | Mineral |
| **Peninsula** | Semenanjung |
| **Researcher** | Peneliti |
| **Rocky** | Rocky |
| **Scientific** | Ilmiah |
| **Temperature** | Suhu |
| **Topography** | Topografi |
| **Water** | Air |

## Antiques
### Barang Antik

| | |
|---|---|
| **Art** | Seni |
| **Auction** | Lelang |
| **Authentic** | Asli |
| **Century** | Abad |
| **Coins** | Koin |
| **Decades** | Dekade |
| **Decorative** | Dekoratif |
| **Elegant** | Elegan |
| **Furniture** | Mebel |
| **Gallery** | Galeri |
| **Investment** | Investasi |
| **Jewelry** | Perhiasan |
| **Old** | Tua |
| **Price** | Harga |
| **Quality** | Kualitas |
| **Restoration** | Restorasi |
| **Sculpture** | Patung |
| **Style** | Gaya |
| **Unusual** | Tidak Biasa |
| **Value** | Nilai |

## Archeology
### Arkeologi

| | |
|---|---|
| **Analysis** | Analisis |
| **Ancient** | Kuno |
| **Antiquity** | Jaman Dahulu |
| **Bones** | Tulang |
| **Civilization** | Peradaban |
| **Descendant** | Keturunan |
| **Era** | Zaman |
| **Evaluation** | Evaluasi |
| **Expert** | Ahli |
| **Findings** | Temuan |
| **Forgotten** | Dilupakan |
| **Fossil** | Fosil |
| **Mystery** | Misteri |
| **Objects** | Objek |
| **Relic** | Relik |
| **Researcher** | Peneliti |
| **Team** | Tim |
| **Temple** | Kuil |
| **Tomb** | Makam |
| **Unknown** | Diketahui |

## Art Supplies
### Perlengkapan Seni

| | |
|---|---|
| **Acrylic** | Akrilik |
| **Brushes** | Sikat |
| **Camera** | Kamera |
| **Chair** | Kursi |
| **Charcoal** | Arang |
| **Clay** | Tanah Liat |
| **Colors** | Warna |
| **Creativity** | Kreativitas |
| **Easel** | Easel |
| **Eraser** | Penghapus |
| **Glue** | Lem |
| **Ideas** | Ide |
| **Ink** | Tinta |
| **Oil** | Minyak |
| **Paints** | Cat |
| **Paper** | Kertas |
| **Pencils** | Pensil |
| **Table** | Meja |
| **Water** | Air |
| **Watercolors** | Cat Air |

## Astronomy
### Astronomi

| | |
|---|---|
| **Asteroid** | Asteroid |
| **Astronaut** | Astronot |
| **Astronomer** | Astronom |
| **Constellation** | Konstelasi |
| **Cosmos** | Kosmos |
| **Earth** | Bumi |
| **Eclipse** | Gerhana |
| **Equinox** | Equinox |
| **Galaxy** | Galaksi |
| **Meteor** | Meteor |
| **Moon** | Bulan |
| **Nebula** | Nebula |
| **Observatory** | Observatorium |
| **Planet** | Planet |
| **Radiation** | Radiasi |
| **Rocket** | Roket |
| **Satellite** | Satelit |
| **Sky** | Langit |
| **Supernova** | Supernova |
| **Zodiac** | Zodiak |

## Ballet
### Balet

| | |
|---|---|
| **Applause** | Tepuk Tangan |
| **Artistic** | Artistik |
| **Audience** | Hadirin |
| **Ballerina** | Balerina |
| **Choreography** | Koreografi |
| **Composer** | Komposer |
| **Dancers** | Penari |
| **Expressive** | Ekspresif |
| **Gesture** | Sikap |
| **Graceful** | Anggun |
| **Intensity** | Intensitas |
| **Lessons** | Pelajaran |
| **Muscles** | Otot |
| **Music** | Musik |
| **Orchestra** | Orkestra |
| **Practice** | Praktek |
| **Rhythm** | Irama |
| **Skill** | Keahlian |
| **Style** | Gaya |
| **Technique** | Teknik |

## Barbecues
### Barbekyu

| | |
|---|---|
| **Chicken** | Ayam |
| **Children** | Anak |
| **Dinner** | Makan Malam |
| **Family** | Keluarga |
| **Food** | Makanan |
| **Forks** | Garpu |
| **Friends** | Teman |
| **Fruit** | Buah |
| **Games** | Permainan |
| **Grill** | Grill |
| **Hot** | Panas |
| **Hunger** | Kelaparan |
| **Knives** | Pisau |
| **Music** | Musik |
| **Salads** | Salad |
| **Salt** | Garam |
| **Sauce** | Saus |
| **Summer** | Musim Panas |
| **Tomatoes** | Tomat |
| **Vegetables** | Sayuran |

## Beauty
### Kecantikan

| | |
|---|---|
| **Charm** | Pesona |
| **Color** | Warna |
| **Cosmetics** | Kosmetik |
| **Curls** | Ikal |
| **Elegance** | Keanggunan |
| **Elegant** | Elegan |
| **Fragrance** | Wangi |
| **Grace** | Rahmat |
| **Lipstick** | Lipstik |
| **Makeup** | Dandan |
| **Mascara** | Maskara |
| **Mirror** | Cermin |
| **Oils** | Minyak |
| **Photogenic** | Fotogenik |
| **Products** | Produk |
| **Scissors** | Gunting |
| **Services** | Jasa |
| **Shampoo** | Sampo |
| **Skin** | Kulit |
| **Stylist** | Stylist |

## Bees
### Lebah

| | |
|---|---|
| **Beneficial** | Bermanfaat |
| **Blossom** | Mekar |
| **Diversity** | Perbedaan |
| **Ecosystem** | Ekosistem |
| **Flowers** | Bunga |
| **Food** | Makanan |
| **Fruit** | Buah |
| **Garden** | Kebun |
| **Habitat** | Habitat |
| **Hive** | Sarang |
| **Honey** | Sayang |
| **Insect** | Serangga |
| **Plants** | Tanaman |
| **Pollen** | Serbuk Sari |
| **Pollinator** | Penyerbuk |
| **Queen** | Ratu |
| **Smoke** | Asap |
| **Sun** | Matahari |
| **Swarm** | Kawanan |
| **Wax** | Lilin |

## Birds
### Burung-Burung

| | |
|---|---|
| **Canary** | Kenari |
| **Chicken** | Ayam |
| **Crow** | Gagak |
| **Cuckoo** | Cuckoo |
| **Dove** | Merpati |
| **Duck** | Bebek |
| **Eagle** | Elang |
| **Egg** | Telur |
| **Flamingo** | Flamingo |
| **Gull** | Gull |
| **Ostrich** | Burung Unta |
| **Owl** | Burung Hantu |
| **Parrot** | Burung Beo |
| **Peacock** | Merak |
| **Pelican** | Pelikan |
| **Penguin** | Penguin |
| **Sparrow** | Burung Pipit |
| **Stork** | Bangau |
| **Swan** | Angsa |
| **Toucan** | Toucan |

## Boats
### Perahu

| | |
|---|---|
| **Anchor** | Jangkar |
| **Buoy** | Pelampung |
| **Canoe** | Kano |
| **Crew** | Awak |
| **Dock** | Dok |
| **Engine** | Mesin |
| **Ferry** | Feri |
| **Kayak** | Kayak |
| **Lake** | Danau |
| **Lifeboat** | Sekoci |
| **Mast** | Tiang Kapal |
| **Nautical** | Bahari |
| **Raft** | Rakit |
| **River** | Sungai |
| **Rope** | Tali |
| **Sailboat** | Perahu Layar |
| **Sailor** | Pelaut |
| **Sea** | Laut |
| **Tide** | Pasang |
| **Yacht** | Yacht |

## Books
### Buku-Buku

| | |
|---|---|
| **Adventure** | Petualangan |
| **Author** | Penulis |
| **Collection** | Koleksi |
| **Context** | Konteks |
| **Duality** | Dualitas |
| **Epic** | Epik |
| **Historical** | Historis |
| **Humorous** | Lucu |
| **Inventive** | Inventif |
| **Literary** | Sastra |
| **Narrator** | Narator |
| **Novel** | Novel |
| **Page** | Halaman |
| **Poetry** | Puisi |
| **Reader** | Pembaca |
| **Relevant** | Relevan |
| **Series** | Seri |
| **Story** | Cerita |
| **Tragic** | Tragis |
| **Written** | Ditulis |

## Boxing
### Tinju.

| | |
|---|---|
| **Bell** | Lonceng |
| **Body** | Tubuh |
| **Chin** | Dagu |
| **Corner** | Sudut |
| **Elbow** | Siku |
| **Exhausted** | Lelah |
| **Fighter** | Pejuang |
| **Fist** | Tinju |
| **Focus** | Fokus |
| **Gloves** | Sarung Tangan |
| **Kick** | Menendang |
| **Opponent** | Lawan |
| **Points** | Poin |
| **Quick** | Cepat |
| **Recovery** | Pemulihan |
| **Referee** | Wasit |
| **Ropes** | Tali |
| **Skill** | Keahlian |
| **Strength** | Kekuatan |

## Buildings
### Bangunan

| | |
|---|---|
| **Apartment** | Apartemen |
| **Barn** | Gudang |
| **Cabin** | Kabin |
| **Castle** | Kastil |
| **Cinema** | Bioskop |
| **Embassy** | Kedutaan |
| **Factory** | Pabrik |
| **Hospital** | Rumah Sakit |
| **Hostel** | Hostel |
| **Hotel** | Hotel |
| **Laboratory** | Laboratorium |
| **Museum** | Museum |
| **Observatory** | Observatorium |
| **School** | Sekolah |
| **Stadium** | Stadion |
| **Supermarket** | Supermarket |
| **Tent** | Tenda |
| **Theater** | Teater |
| **Tower** | Menara |
| **University** | Universitas |

## Business
### Bisnis

| | |
|---|---|
| **Budget** | Anggaran |
| **Career** | Karier |
| **Company** | Perusahaan |
| **Cost** | Biaya |
| **Currency** | Mata Uang |
| **Discount** | Diskon |
| **Economics** | Ekonomi |
| **Employee** | Karyawan |
| **Employer** | Majikan |
| **Factory** | Pabrik |
| **Finance** | Keuangan |
| **Income** | Pendapatan |
| **Investment** | Investasi |
| **Manager** | Manajer |
| **Money** | Uang |
| **Office** | Kantor |
| **Profit** | Laba |
| **Sale** | Penjualan |
| **Shop** | Toko |
| **Taxes** | Pajak |

## Camping
### Berkemah

| | |
|---|---|
| **Adventure** | Petualangan |
| **Animals** | Binatang |
| **Cabin** | Kabin |
| **Canoe** | Kano |
| **Compass** | Kompas |
| **Equipment** | Peralatan |
| **Fire** | Api |
| **Forest** | Hutan |
| **Fun** | Menyenangkan |
| **Hat** | Topi |
| **Hunting** | Berburu |
| **Insect** | Serangga |
| **Lake** | Danau |
| **Map** | Peta |
| **Moon** | Bulan |
| **Mountain** | Gunung |
| **Nature** | Alam |
| **Rope** | Tali |
| **Tent** | Tenda |
| **Trees** | Pohon |

## Chemistry
### Kimia

| | |
|---|---|
| **Acid** | Asam |
| **Alkaline** | Alkaline |
| **Atomic** | Atom |
| **Carbon** | Karbon |
| **Catalyst** | Katalis |
| **Chlorine** | Klorin |
| **Electron** | Elektron |
| **Enzyme** | Enzim |
| **Gas** | Gas |
| **Heat** | Panas |
| **Hydrogen** | Hidrogen |
| **Ion** | Ion |
| **Liquid** | Cair |
| **Molecule** | Molekul |
| **Nuclear** | Nuklir |
| **Organic** | Organik |
| **Oxygen** | Oksigen |
| **Salt** | Garam |
| **Temperature** | Suhu |
| **Weight** | Berat |

## Chess
### Catur
| | |
|---|---|
| **Black** | Hitam |
| **Challenges** | Tantangan |
| **Champion** | Juara |
| **Clever** | Cerdik |
| **Contest** | Kontes |
| **Diagonal** | Diagonal |
| **Game** | Permainan |
| **King** | Raja |
| **Opponent** | Lawan |
| **Passive** | Pasif |
| **Player** | Pemain |
| **Points** | Poin |
| **Queen** | Ratu |
| **Rules** | Aturan |
| **Sacrifice** | Pengorbanan |
| **Strategy** | Strategi |
| **Time** | Waktu |
| **Tournament** | Turnamen |
| **White** | Putih |

## Chocolate
### Cokelat
| | |
|---|---|
| **Antioxidant** | Antioksidan |
| **Aroma** | Aroma |
| **Artisanal** | Artisanal |
| **Bitter** | Pahit |
| **Cacao** | Kakao |
| **Calories** | Kalori |
| **Candy** | Permen |
| **Caramel** | Karamel |
| **Coconut** | Kelapa |
| **Craving** | Keinginan |
| **Delicious** | Lezat |
| **Exotic** | Eksotis |
| **Favorite** | Favorit |
| **Ingredient** | Bahan |
| **Peanuts** | Kacang |
| **Quality** | Kualitas |
| **Recipe** | Resep |
| **Sugar** | Gula |
| **Sweet** | Manis |
| **Taste** | Rasa |

## Circus
### Sirkus
| | |
|---|---|
| **Acrobat** | Akrobat |
| **Animals** | Binatang |
| **Balloons** | Balon |
| **Candy** | Permen |
| **Clown** | Badut |
| **Costume** | Kostum |
| **Elephant** | Gajah |
| **Entertain** | Menghibur |
| **Juggler** | Juggler |
| **Lion** | Singa |
| **Magic** | Sihir |
| **Magician** | Pesulap |
| **Monkey** | Monyet |
| **Music** | Musik |
| **Parade** | Parade |
| **Spectacular** | Spektakuler |
| **Spectator** | Penonton |
| **Tent** | Tenda |
| **Ticket** | Tiket |
| **Tiger** | Harimau |

## Climbing
### Pendakian
| | |
|---|---|
| **Altitude** | Ketinggian |
| **Atmosphere** | Suasana |
| **Boots** | Sepatu Bot |
| **Cave** | Gua |
| **Challenges** | Tantangan |
| **Curiosity** | Keingintahuan |
| **Expert** | Ahli |
| **Gloves** | Sarung Tangan |
| **Guides** | Panduan |
| **Helmet** | Helm |
| **Hiking** | Hiking |
| **Injury** | Cedera |
| **Map** | Peta |
| **Narrow** | Sempit |
| **Physical** | Fisik |
| **Stability** | Stabilitas |
| **Strength** | Kekuatan |
| **Terrain** | Medan |
| **Training** | Pelatihan |

## Clothes
### Pakaian
| | |
|---|---|
| **Apron** | Celemek |
| **Belt** | Ikat Pinggang |
| **Blouse** | Blus |
| **Bracelet** | Gelang |
| **Coat** | Mantel |
| **Dress** | Gaun |
| **Fashion** | Mode |
| **Gloves** | Sarung Tangan |
| **Hat** | Topi |
| **Jacket** | Jas |
| **Jeans** | Jeans |
| **Jewelry** | Perhiasan |
| **Pajamas** | Piyama |
| **Pants** | Celana |
| **Sandals** | Sandal |
| **Scarf** | Syal |
| **Shirt** | Baju |
| **Shoe** | Sepatu |
| **Skirt** | Rok |
| **Sweater** | Sweter |

## Coffee
### Kopi
| | |
|---|---|
| **Acidic** | Asam |
| **Aroma** | Aroma |
| **Beverage** | Minuman |
| **Bitter** | Pahit |
| **Black** | Hitam |
| **Caffeine** | Kafein |
| **Cream** | Krim |
| **Cup** | Cangkir |
| **Filter** | Saring |
| **Flavor** | Rasa |
| **Grind** | Menggiling |
| **Liquid** | Cair |
| **Milk** | Susu |
| **Morning** | Pagi |
| **Origin** | Asal |
| **Price** | Harga |
| **Roasted** | Panggang |
| **Sugar** | Gula |
| **Variety** | Variasi |
| **Water** | Air |

## Countries #1
### Negara # 1

| | |
|---|---|
| **Brazil** | Brazil |
| **Canada** | Kanada |
| **Egypt** | Mesir |
| **Finland** | Finlandia |
| **Germany** | Jerman |
| **Iraq** | Irak |
| **Israel** | Israel |
| **Italy** | Italia |
| **Latvia** | Latvia |
| **Libya** | Libya |
| **Morocco** | Maroko |
| **Nicaragua** | Nikaragua |
| **Norway** | Norwegia |
| **Panama** | Panama |
| **Poland** | Polandia |
| **Romania** | Rumania |
| **Senegal** | Senegal |
| **Spain** | Spanyol |
| **Venezuela** | Venezuela |
| **Vietnam** | Vietnam |

## Countries #2
### Negara #2

| | |
|---|---|
| **Albania** | Albania |
| **Denmark** | Denmark |
| **Ethiopia** | Ethiopia |
| **Greece** | Yunani |
| **Haiti** | Haiti |
| **Jamaica** | Jamaika |
| **Japan** | Jepang |
| **Laos** | Laos |
| **Lebanon** | Libanon |
| **Liberia** | Liberia |
| **Mexico** | Meksiko |
| **Nepal** | Nepal |
| **Nigeria** | Nigeria |
| **Pakistan** | Pakistan |
| **Russia** | Rusia |
| **Somalia** | Somalia |
| **Sudan** | Sudan |
| **Syria** | Suriah |
| **Uganda** | Uganda |
| **Ukraine** | Ukraina |

## Creativity
### Kreativitas

| | |
|---|---|
| **Artistic** | Artistik |
| **Authenticity** | Keaslian |
| **Changing** | Mengubah |
| **Clarity** | Kejelasan |
| **Dramatic** | Dramatis |
| **Emotions** | Emosi |
| **Expression** | Ekspresi |
| **Fluidity** | Fluiditas |
| **Ideas** | Ide |
| **Image** | Gambar |
| **Imagination** | Imajinasi |
| **Inspiration** | Inspirasi |
| **Intensity** | Intensitas |
| **Intuition** | Intuisi |
| **Inventive** | Inventif |
| **Sensation** | Sensasi |
| **Skill** | Keahlian |
| **Spontaneous** | Spontan |
| **Visions** | Visi |
| **Vitality** | Daya Hidup |

## Dance
### Menari

| | |
|---|---|
| **Academy** | Akademi |
| **Art** | Seni |
| **Body** | Tubuh |
| **Choreography** | Koreografi |
| **Classical** | Klasik |
| **Cultural** | Kultural |
| **Culture** | Budaya |
| **Emotion** | Emosi |
| **Expressive** | Ekspresif |
| **Grace** | Rahmat |
| **Jump** | Melompat |
| **Movement** | Gerakan |
| **Music** | Musik |
| **Partner** | Mitra |
| **Posture** | Sikap |
| **Rehearsal** | Latihan |
| **Rhythm** | Irama |
| **Traditional** | Tradisional |
| **Visual** | Visual |

## Days and Months
### Hari dan Bulan

| | |
|---|---|
| **April** | April |
| **August** | Agustus |
| **Calendar** | Kalender |
| **February** | Februari |
| **Friday** | Jumat |
| **January** | Januari |
| **July** | Juli |
| **March** | Maret |
| **May** | Mungkin |
| **Monday** | Senin |
| **Month** | Bulan |
| **November** | November |
| **October** | Oktober |
| **Saturday** | Sabtu |
| **September** | September |
| **Sunday** | Minggu |
| **Thursday** | Kamis |
| **Tuesday** | Selasa |
| **Wednesday** | Rabu |
| **Year** | Tahun |

## Diplomacy
### Diplomasi

| | |
|---|---|
| **Adviser** | Penasihat |
| **Ambassador** | Duta Besar |
| **Citizens** | Warga |
| **Civic** | Civic |
| **Community** | Komunitas |
| **Conflict** | Konflik |
| **Cooperation** | Kerja Sama |
| **Diplomatic** | Diplomatik |
| **Discussion** | Diskusi |
| **Embassy** | Kedutaan |
| **Ethics** | Etika |
| **Government** | Pemerintah |
| **Humanitarian** | Kemanusiaan |
| **Integrity** | Integritas |
| **Justice** | Keadilan |
| **Politics** | Politik |
| **Resolution** | Resolusi |
| **Security** | Keamanan |
| **Solution** | Solusi |
| **Treaty** | Perjanjian |

## Driving
### Mengemudi

| | |
|---|---|
| **Accident** | Kecelakaan |
| **Brakes** | Rem |
| **Car** | Mobil |
| **Danger** | Bahaya |
| **Driver** | Pengemudi |
| **Fuel** | Bahan Bakar |
| **Garage** | Garasi |
| **Gas** | Gas |
| **License** | Lisensi |
| **Map** | Peta |
| **Motor** | Motor |
| **Motorcycle** | Sepeda Motor |
| **Pedestrian** | Pejalan Kaki |
| **Police** | Polisi |
| **Safety** | Keamanan |
| **Speed** | Kecepatan |
| **Street** | Jalan |
| **Traffic** | Lalu Lintas |
| **Truck** | Truk |
| **Tunnel** | Terowongan |

## Ecology
### Ekologi

| | |
|---|---|
| **Climate** | Iklim |
| **Communities** | Komunitas |
| **Diversity** | Perbedaan |
| **Drought** | Kekeringan |
| **Fauna** | Fauna |
| **Flora** | Flora |
| **Global** | Global |
| **Habitat** | Habitat |
| **Marine** | Laut |
| **Marsh** | Rawa |
| **Mountains** | Gunung |
| **Natural** | Alami |
| **Nature** | Alam |
| **Plants** | Tanaman |
| **Resources** | Sumber Daya |
| **Species** | Jenis |
| **Sustainable** | Berkelanjutan |
| **Variety** | Variasi |
| **Vegetation** | Vegetasi |
| **Volunteers** | Relawan |

## Emotions
### Emosi

| | |
|---|---|
| **Anger** | Amarah |
| **Bliss** | Kebahagiaan |
| **Boredom** | Kebosanan |
| **Calm** | Tenang |
| **Content** | Isi |
| **Embarrassed** | Malu |
| **Fear** | Takut |
| **Grateful** | Bersyukur |
| **Joy** | Kegembiraan |
| **Kindness** | Kebaikan |
| **Love** | Cinta |
| **Peace** | Perdamaian |
| **Relaxed** | Santai |
| **Relief** | Lega |
| **Sadness** | Kesedihan |
| **Satisfied** | Puas |
| **Sympathy** | Simpati |
| **Tenderness** | Kelembutan |
| **Tranquility** | Ketenangan |

## Energy
### Energi

| | |
|---|---|
| **Battery** | Baterai |
| **Carbon** | Karbon |
| **Diesel** | Diesel |
| **Electric** | Listrik |
| **Electron** | Elektron |
| **Engine** | Mesin |
| **Entropy** | Entropi |
| **Environment** | Lingkungan |
| **Fuel** | Bahan Bakar |
| **Gasoline** | Bensin |
| **Heat** | Panas |
| **Hydrogen** | Hidrogen |
| **Industry** | Industri |
| **Motor** | Motor |
| **Nuclear** | Nuklir |
| **Photon** | Foton |
| **Pollution** | Polusi |
| **Renewable** | Terbarukan |
| **Turbine** | Turbin |
| **Wind** | Angin |

## Engineering
### Rekayasa

| | |
|---|---|
| **Angle** | Sudut |
| **Axis** | Sumbu |
| **Calculation** | Kalkulasi |
| **Construction** | Konstruksi |
| **Depth** | Kedalaman |
| **Diagram** | Diagram |
| **Diameter** | Diameter |
| **Diesel** | Diesel |
| **Dimensions** | Dimensi |
| **Distribution** | Distribusi |
| **Energy** | Energi |
| **Levers** | Tuas |
| **Liquid** | Cair |
| **Machine** | Mesin |
| **Measurement** | Pengukuran |
| **Motor** | Motor |
| **Propulsion** | Propulsi |
| **Stability** | Stabilitas |
| **Strength** | Kekuatan |
| **Structure** | Struktur |

## Farm #1
### Peternakan #1

| | |
|---|---|
| **Agriculture** | Pertanian |
| **Bee** | Lebah |
| **Bison** | Bison |
| **Calf** | Betis |
| **Cat** | Kucing |
| **Chicken** | Ayam |
| **Cow** | Sapi |
| **Crow** | Gagak |
| **Dog** | Anjing |
| **Donkey** | Keledai |
| **Fence** | Pagar |
| **Fertilizer** | Pupuk |
| **Field** | Bidang |
| **Goat** | Kambing |
| **Hay** | Jerami |
| **Honey** | Sayang |
| **Horse** | Kuda |
| **Rice** | Nasi |
| **Seeds** | Benih |
| **Water** | Air |

## Farm #2
### Peternakan #2

| | |
|---|---|
| **Animals** | Binatang |
| **Barley** | Jelai |
| **Barn** | Gudang |
| **Beehive** | Beehive |
| **Corn** | Jagung |
| **Duck** | Bebek |
| **Farmer** | Petani |
| **Food** | Makanan |
| **Fruit** | Buah |
| **Irrigation** | Irigasi |
| **Llama** | Llama |
| **Meadow** | Padang Rumput |
| **Milk** | Susu |
| **Orchard** | Orchard |
| **Sheep** | Domba |
| **Shepherd** | Gembala |
| **Tractor** | Traktor |
| **Vegetable** | Sayur-Mayur |
| **Wheat** | Gandum |
| **Windmill** | Kincir Angin |

## Fashion
### Fashion

| | |
|---|---|
| **Affordable** | Terjangkau |
| **Boutique** | Butik |
| **Buttons** | Tombol |
| **Clothing** | Pakaian |
| **Comfortable** | Nyaman |
| **Elegant** | Elegan |
| **Embroidery** | Sulaman |
| **Expensive** | Mahal |
| **Fabric** | Kain |
| **Lace** | Renda |
| **Measurements** | Pengukuran |
| **Minimalist** | Minimalis |
| **Modern** | Modern |
| **Modest** | Sederhana |
| **Original** | Asli |
| **Pattern** | Pola |
| **Practical** | Praktis |
| **Style** | Gaya |
| **Texture** | Tekstur |
| **Trend** | Kecenderungan |

## Flowers
### Bunga-Bunga

| | |
|---|---|
| **Bouquet** | Buket |
| **Clover** | Semanggi |
| **Daffodil** | Daffodil |
| **Daisy** | Daisy |
| **Dandelion** | Dandelion |
| **Gardenia** | Gardenia |
| **Hibiscus** | Hibiscus |
| **Jasmine** | Melati |
| **Lavender** | Lavender |
| **Lilac** | Lilac |
| **Lily** | Lily |
| **Magnolia** | Magnolia |
| **Orchid** | Anggrek |
| **Passionflower** | Passionflower |
| **Peony** | Peony |
| **Petal** | Kelopak |
| **Plumeria** | Plumeria |
| **Poppy** | Poppy |
| **Rose** | Mawar |
| **Tulip** | Tulip |

## Food #1
### Makanan # 1

| | |
|---|---|
| **Apricot** | Aprikot |
| **Barley** | Jelai |
| **Basil** | Kemangi |
| **Carrot** | Wortel |
| **Cinnamon** | Kayu Manis |
| **Garlic** | Bawang Putih |
| **Juice** | Jus |
| **Lemon** | Lemon |
| **Milk** | Susu |
| **Onion** | Bawang |
| **Peanut** | Kacang |
| **Pear** | Pir |
| **Salad** | Salad |
| **Salt** | Garam |
| **Soup** | Sup |
| **Spinach** | Bayam |
| **Strawberry** | Stroberi |
| **Sugar** | Gula |
| **Tuna** | Tuna |
| **Turnip** | Lobak |

## Food #2
### Makanan # 2

| | |
|---|---|
| **Apple** | Apel |
| **Artichoke** | Artichoke |
| **Banana** | Pisang |
| **Broccoli** | Brokoli |
| **Celery** | Seledri |
| **Cheese** | Keju |
| **Cherry** | Ceri |
| **Chicken** | Ayam |
| **Chocolate** | Coklat |
| **Egg** | Telur |
| **Eggplant** | Terong |
| **Fish** | Ikan |
| **Grape** | Anggur |
| **Ham** | Ham |
| **Kiwi** | Kiwi |
| **Mushroom** | Jamur |
| **Rice** | Nasi |
| **Tomato** | Tomat |
| **Wheat** | Gandum |
| **Yogurt** | Yoghurt |

## Force and Gravity
### Gaya dan Gravitasi

| | |
|---|---|
| **Axis** | Sumbu |
| **Center** | Pusat |
| **Discovery** | Penemuan |
| **Distance** | Jarak |
| **Dynamic** | Dinamis |
| **Expansion** | Ekspansi |
| **Friction** | Gesekan |
| **Impact** | Dampak |
| **Magnetism** | Magnetisme |
| **Magnitude** | Besarnya |
| **Mechanics** | Mekanika |
| **Momentum** | Momentum |
| **Orbit** | Orbit |
| **Physics** | Fisika |
| **Pressure** | Tekanan |
| **Properties** | Properti |
| **Speed** | Kecepatan |
| **Time** | Waktu |
| **Universal** | Universal |
| **Weight** | Berat |

## Fruit
### Buah

| | |
|---|---|
| **Apple** | Apel |
| **Apricot** | Aprikot |
| **Avocado** | Alpukat |
| **Banana** | Pisang |
| **Berry** | Berry |
| **Cherry** | Ceri |
| **Coconut** | Kelapa |
| **Fig** | Ara |
| **Grape** | Anggur |
| **Guava** | Jambu |
| **Kiwi** | Kiwi |
| **Lemon** | Lemon |
| **Mango** | Mangga |
| **Melon** | Melon |
| **Nectarine** | Nectarine |
| **Papaya** | Pepaya |
| **Peach** | Persik |
| **Pear** | Pir |
| **Pineapple** | Nanas |
| **Raspberry** | Raspberry |

## Garden
### Taman

| | |
|---|---|
| **Bench** | Bangku |
| **Bush** | Semak |
| **Fence** | Pagar |
| **Flower** | Bunga |
| **Garage** | Garasi |
| **Garden** | Kebun |
| **Grass** | Rumput |
| **Hose** | Selang |
| **Orchard** | Orchard |
| **Pond** | Kolam |
| **Porch** | Beranda |
| **Rake** | Menyapu |
| **Rocks** | Batu |
| **Shovel** | Sekop |
| **Soil** | Tanah |
| **Terrace** | Teras |
| **Trampoline** | Trampolin |
| **Tree** | Pohon |
| **Vine** | Vine |
| **Weeds** | Gulma |

## Geography
### Geografi

| | |
|---|---|
| **Altitude** | Ketinggian |
| **Atlas** | Atlas |
| **City** | Kota |
| **Continent** | Benua |
| **Country** | Negara |
| **Elevation** | Elevasi |
| **Equator** | Khatulistiwa |
| **Hemisphere** | Belahan Bumi |
| **Island** | Pulau |
| **Latitude** | Garis Lintang |
| **Map** | Peta |
| **Meridian** | Meridian |
| **Mountain** | Gunung |
| **North** | Utara |
| **River** | Sungai |
| **Sea** | Laut |
| **South** | Selatan |
| **Territory** | Wilayah |
| **West** | Barat |
| **World** | Dunia |

## Geology
### Geologi

| | |
|---|---|
| **Acid** | Asam |
| **Calcium** | Kalsium |
| **Cavern** | Gua |
| **Continent** | Benua |
| **Coral** | Karang |
| **Crystals** | Kristal |
| **Cycles** | Siklus |
| **Earthquake** | Gempa Bumi |
| **Erosion** | Erosi |
| **Fossil** | Fosil |
| **Geyser** | Geyser |
| **Lava** | Lahar |
| **Layer** | Lapisan |
| **Minerals** | Mineral |
| **Molten** | Cair |
| **Quartz** | Kuarsa |
| **Salt** | Garam |
| **Stalactite** | Stalaktit |
| **Stone** | Batu |
| **Volcano** | Gunung Berapi |

## Geometry
### Geometri

| | |
|---|---|
| **Angle** | Sudut |
| **Calculation** | Kalkulasi |
| **Circle** | Lingkaran |
| **Curve** | Kurva |
| **Diameter** | Diameter |
| **Dimension** | Dimensi |
| **Equation** | Persamaan |
| **Height** | Tinggi |
| **Horizontal** | Horisontal |
| **Logic** | Logika |
| **Mass** | Massa |
| **Median** | Median |
| **Number** | Nomor |
| **Parallel** | Paralel |
| **Proportion** | Proporsi |
| **Segment** | Segmen |
| **Surface** | Permukaan |
| **Symmetry** | Simetri |
| **Theory** | Teori |
| **Triangle** | Segitiga |

## Government
### Pemerintah

| | |
|---|---|
| **Civil** | Sipil |
| **Constitution** | Konstitusi |
| **Democracy** | Demokrasi |
| **Discussion** | Diskusi |
| **District** | Distrik |
| **Equality** | Kesetaraan |
| **Independence** | Kemerdekaan |
| **Judicial** | Peradilan |
| **Justice** | Keadilan |
| **Law** | Hukum |
| **Leader** | Pemimpin |
| **Liberty** | Liberty |
| **Monument** | Monumen |
| **Nation** | Bangsa |
| **National** | Nasional |
| **Peaceful** | Tenang |
| **Politics** | Politik |
| **Speech** | Pidato |
| **State** | Negara |
| **Symbol** | Simbol |

## Hair Types
### Jenis Rambut

| | |
|---|---|
| Bald | Botak |
| Black | Hitam |
| Blond | Pirang |
| Braided | Dikepang |
| Braids | Kepang |
| Brown | Cokelat |
| Colored | Berwarna |
| Curls | Ikal |
| Curly | Keriting |
| Dry | Kering |
| Gray | Abu-Abu |
| Healthy | Sehat |
| Long | Panjang |
| Shiny | Berkilau |
| Short | Pendek |
| Soft | Lembut |
| Thick | Tebal |
| Thin | Tipis |
| Wavy | Bergelombang |
| White | Putih |

## Health and Wellness #1
### Kesehatan dan Kebugaran

| | |
|---|---|
| Active | Aktif |
| Bacteria | Bakteri |
| Bones | Tulang |
| Clinic | Klinik |
| Doctor | Dokter |
| Fracture | Patah |
| Habit | Kebiasaan |
| Height | Tinggi |
| Hormones | Hormon |
| Hunger | Kelaparan |
| Medicine | Obat |
| Muscles | Otot |
| Nerves | Saraf |
| Pharmacy | Farmasi |
| Reflex | Refleks |
| Relaxation | Relaksasi |
| Skin | Kulit |
| Therapy | Terapi |
| Treatment | Pengobatan |
| Virus | Virus |

## Health and Wellness #2
### Kesehatan dan Kebugaran

| | |
|---|---|
| Allergy | Alergi |
| Anatomy | Anatomi |
| Appetite | Nafsu Makan |
| Blood | Darah |
| Calorie | Kalori |
| Dehydration | Dehidrasi |
| Diet | Diet |
| Disease | Penyakit |
| Energy | Energi |
| Genetics | Genetika |
| Healthy | Sehat |
| Hospital | Rumah Sakit |
| Hygiene | Kebersihan |
| Infection | Infeksi |
| Massage | Pijat |
| Nutrition | Gizi |
| Recovery | Pemulihan |
| Stress | Stres |
| Vitamin | Vitamin |
| Weight | Berat |

## Herbalism
### Herbalisme

| | |
|---|---|
| Aromatic | Aromatik |
| Basil | Kemangi |
| Beneficial | Bermanfaat |
| Culinary | Kuliner |
| Fennel | Adas |
| Flavor | Rasa |
| Flower | Bunga |
| Garden | Kebun |
| Garlic | Bawang Putih |
| Green | Hijau |
| Ingredient | Bahan |
| Lavender | Lavender |
| Marjoram | Marjoram |
| Mint | Mint |
| Oregano | Oregano |
| Parsley | Peterseli |
| Plant | Tanaman |
| Rosemary | Rosemary |
| Saffron | Kunyit |
| Tarragon | Tarragon |

## Hiking
### Mendaki

| | |
|---|---|
| Animals | Binatang |
| Boots | Sepatu Bot |
| Camping | Camping |
| Cliff | Tebing |
| Climate | Iklim |
| Guides | Panduan |
| Hazards | Bahaya |
| Heavy | Berat |
| Map | Peta |
| Mountain | Gunung |
| Nature | Alam |
| Orientation | Orientasi |
| Parks | Taman |
| Preparation | Persiapan |
| Stones | Batu |
| Summit | Puncak |
| Sun | Matahari |
| Tired | Lelah |
| Water | Air |
| Wild | Liar |

## House
### Rumah

| | |
|---|---|
| Attic | Loteng |
| Broom | Sapu |
| Curtains | Tirai |
| Door | Pintu |
| Fence | Pagar |
| Fireplace | Perapian |
| Floor | Lantai |
| Furniture | Mebel |
| Garage | Garasi |
| Garden | Kebun |
| Keys | Kunci |
| Kitchen | Dapur |
| Lamp | Lampu |
| Library | Perpustakaan |
| Mirror | Cermin |
| Roof | Atap |
| Room | Ruangan |
| Shower | Mandi |
| Wall | Dinding |
| Window | Jendela |

## Human Body
### Tubuh Manusia

| | |
|---|---|
| **Blood** | Darah |
| **Bones** | Tulang |
| **Brain** | Otak |
| **Chin** | Dagu |
| **Ear** | Telinga |
| **Elbow** | Siku |
| **Face** | Wajah |
| **Finger** | Jari |
| **Hand** | Tangan |
| **Head** | Kepala |
| **Heart** | Hati |
| **Jaw** | Rahang |
| **Knee** | Lutut |
| **Leg** | Kaki |
| **Lips** | Bibir |
| **Mouth** | Mulut |
| **Neck** | Leher |
| **Nose** | Hidung |
| **Shoulder** | Bahu |
| **Skin** | Kulit |

## Insects
### Serangga

| | |
|---|---|
| **Ant** | Semut |
| **Aphid** | Aphid |
| **Bee** | Lebah |
| **Beetle** | Kumbang |
| **Butterfly** | Kupu-Kupu |
| **Cicada** | Jangkrik |
| **Cockroach** | Kecoa |
| **Dragonfly** | Capung |
| **Flea** | Kutu |
| **Gnat** | Agas |
| **Grasshopper** | Belalang |
| **Hornet** | Hornet |
| **Ladybug** | Ladybug |
| **Larva** | Larva |
| **Mantis** | Mantis |
| **Mosquito** | Nyamuk |
| **Moth** | Ngengat |
| **Termite** | Rayap |
| **Wasp** | Tawon |
| **Worm** | Cacing |

## Jazz
### Jazz

| | |
|---|---|
| **Album** | Album |
| **Applause** | Tepuk Tangan |
| **Artist** | Artis |
| **Composer** | Komposer |
| **Composition** | Komposisi |
| **Concert** | Konser |
| **Drums** | Drum |
| **Emphasis** | Tekanan |
| **Famous** | Terkenal |
| **Favorites** | Favorit |
| **Improvisation** | Improvisasi |
| **Music** | Musik |
| **New** | Baru |
| **Old** | Tua |
| **Orchestra** | Orkestra |
| **Rhythm** | Irama |
| **Song** | Lagu |
| **Style** | Gaya |
| **Talent** | Bakat |
| **Technique** | Teknik |

## Landscapes
### Pemandangan Alam

| | |
|---|---|
| **Beach** | Pantai |
| **Cave** | Gua |
| **Cliff** | Tebing |
| **Desert** | Gurun |
| **Geyser** | Geyser |
| **Glacier** | Gletser |
| **Hill** | Bukit |
| **Iceberg** | Gunung Es |
| **Island** | Pulau |
| **Lake** | Danau |
| **Mountain** | Gunung |
| **Oasis** | Oasis |
| **Peninsula** | Semenanjung |
| **River** | Sungai |
| **Sea** | Laut |
| **Swamp** | Rawa |
| **Tundra** | Tundra |
| **Valley** | Lembah |
| **Volcano** | Gunung Berapi |
| **Waterfall** | Air Terjun |

## Literature
### Literatur

| | |
|---|---|
| **Analogy** | Analogi |
| **Analysis** | Analisis |
| **Anecdote** | Anekdot |
| **Author** | Penulis |
| **Biography** | Biografi |
| **Comparison** | Perbandingan |
| **Conclusion** | Kesimpulan |
| **Description** | Deskripsi |
| **Dialogue** | Dialog |
| **Fiction** | Fiksi |
| **Metaphor** | Metafora |
| **Narrator** | Narator |
| **Novel** | Novel |
| **Poem** | Puisi |
| **Poetic** | Puitis |
| **Rhyme** | Sajak |
| **Rhythm** | Irama |
| **Style** | Gaya |
| **Theme** | Tema |
| **Tragedy** | Tragedi |

## Mammals
### Mamalia

| | |
|---|---|
| **Bear** | Beruang |
| **Beaver** | Berang-Berang |
| **Bull** | Banteng |
| **Cat** | Kucing |
| **Coyote** | Coyote |
| **Dog** | Anjing |
| **Dolphin** | Lumba-Lumba |
| **Elephant** | Gajah |
| **Fox** | Rubah |
| **Giraffe** | Jerapah |
| **Gorilla** | Gorila |
| **Horse** | Kuda |
| **Kangaroo** | Kanguru |
| **Lion** | Singa |
| **Monkey** | Monyet |
| **Rabbit** | Kelinci |
| **Sheep** | Domba |
| **Whale** | Paus |
| **Wolf** | Serigala |
| **Zebra** | Zebra |

## Math
### Matematika

| | |
|---|---|
| **Angles** | Sudut |
| **Arithmetic** | Hitung |
| **Circumference** | Lingkar |
| **Decimal** | Desimal |
| **Diameter** | Diameter |
| **Division** | Divisi |
| **Equation** | Persamaan |
| **Exponent** | Eksponen |
| **Fraction** | Fraksi |
| **Geometry** | Geometri |
| **Numbers** | Nomor |
| **Parallel** | Paralel |
| **Parallelogram** | Parallelogram |
| **Perimeter** | Perimeter |
| **Polygon** | Poligon |
| **Radius** | Radius |
| **Square** | Persegi |
| **Symmetry** | Simetri |
| **Triangle** | Segitiga |
| **Volume** | Volume |

## Measurements
### Pengukuran

| | |
|---|---|
| **Byte** | Byte |
| **Centimeter** | Sentimeter |
| **Decimal** | Desimal |
| **Degree** | Derajat |
| **Depth** | Kedalaman |
| **Gram** | Gram |
| **Height** | Tinggi |
| **Inch** | Inci |
| **Kilogram** | Kilogram |
| **Kilometer** | Kilometer |
| **Length** | Panjang |
| **Liter** | Liter |
| **Mass** | Massa |
| **Meter** | Meter |
| **Minute** | Menit |
| **Ounce** | Ons |
| **Ton** | Ton |
| **Volume** | Volume |
| **Weight** | Berat |
| **Width** | Lebar |

## Meditation
### Meditasi

| | |
|---|---|
| **Acceptance** | Penerimaan |
| **Attention** | Perhatian |
| **Awake** | Bangun |
| **Calm** | Tenang |
| **Clarity** | Kejelasan |
| **Compassion** | Kasih Sayang |
| **Emotions** | Emosi |
| **Gratitude** | Syukur |
| **Habits** | Kebiasaan |
| **Happiness** | Kebahagiaan |
| **Insight** | Wawasan |
| **Kindness** | Kebaikan |
| **Mental** | Mental |
| **Mind** | Pikiran |
| **Movement** | Gerakan |
| **Music** | Musik |
| **Nature** | Alam |
| **Peace** | Perdamaian |
| **Perspective** | Perspektif |
| **Silence** | Kesunyian |

## Music
### Musik

| | |
|---|---|
| **Album** | Album |
| **Ballad** | Balada |
| **Chorus** | Paduan Suara |
| **Classical** | Klasik |
| **Eclectic** | Eklektik |
| **Harmonic** | Harmonik |
| **Harmony** | Harmoni |
| **Lyrical** | Liris |
| **Melody** | Melodi |
| **Microphone** | Mikrofon |
| **Musical** | Musikal |
| **Musician** | Musisi |
| **Opera** | Opera |
| **Poetic** | Puitis |
| **Recording** | Rekaman |
| **Rhythm** | Irama |
| **Rhythmic** | Berirama |
| **Sing** | Menyanyi |
| **Singer** | Penyanyi |
| **Vocal** | Vokal |

## Musical Instruments
### Instrumen Musik

| | |
|---|---|
| **Banjo** | Banjo |
| **Bassoon** | Bassoon |
| **Cello** | Selo |
| **Clarinet** | Klarinet |
| **Drum** | Drum |
| **Drumsticks** | Stik Drum |
| **Flute** | Seruling |
| **Gong** | Gong |
| **Guitar** | Gitar |
| **Harp** | Harpa |
| **Mandolin** | Mandolin |
| **Marimba** | Marimba |
| **Oboe** | Obo |
| **Percussion** | Perkusi |
| **Piano** | Piano |
| **Saxophone** | Saksofon |
| **Tambourine** | Rebana |
| **Trombone** | Trombon |
| **Trumpet** | Terompet |
| **Violin** | Biola |

## Mythology
### Mitologi

| | |
|---|---|
| **Archetype** | Pola Dasar |
| **Behavior** | Perilaku |
| **Beliefs** | Keyakinan |
| **Creation** | Penciptaan |
| **Creature** | Makhluk |
| **Culture** | Budaya |
| **Deities** | Dewa |
| **Disaster** | Bencana |
| **Heaven** | Surga |
| **Hero** | Pahlawan |
| **Immortality** | Keabadian |
| **Jealousy** | Kecemburuan |
| **Labyrinth** | Labirin |
| **Legend** | Legenda |
| **Lightning** | Petir |
| **Monster** | Rakasa |
| **Mortal** | Fana |
| **Revenge** | Balas Dendam |
| **Thunder** | Guntur |
| **Warrior** | Pejuang |

## Nature
### Alam

| | |
|---|---|
| **Animals** | Binatang |
| **Arctic** | Arktik |
| **Beauty** | Kecantikan |
| **Bees** | Lebah |
| **Cliffs** | Tebing |
| **Clouds** | Awan |
| **Desert** | Gurun |
| **Dynamic** | Dinamis |
| **Erosion** | Erosi |
| **Fog** | Kabut |
| **Foliage** | Dedaunan |
| **Forest** | Hutan |
| **Glacier** | Gletser |
| **Mountains** | Gunung |
| **Peaceful** | Tenang |
| **River** | Sungai |
| **Sanctuary** | Suaka |
| **Tropical** | Tropis |
| **Vital** | Vital |
| **Wild** | Liar |

## Numbers
### Angka

| | |
|---|---|
| **Decimal** | Desimal |
| **Eight** | Delapan |
| **Eighteen** | Delapan Belas |
| **Fifteen** | Lima Belas |
| **Five** | Lima |
| **Four** | Empat |
| **Fourteen** | Empat Belas |
| **Nine** | Sembilan |
| **One** | Satu |
| **Seven** | Tujuh |
| **Seventeen** | Tujuh Belas |
| **Six** | Enam |
| **Sixteen** | Enam Belas |
| **Ten** | Sepuluh |
| **Thirteen** | Tiga Belas |
| **Three** | Tiga |
| **Twelve** | Dua Belas |
| **Twenty** | Dua Puluh |
| **Two** | Dua |
| **Zero** | Nol |

## Nutrition
### Nutrisi

| | |
|---|---|
| **Appetite** | Nafsu Makan |
| **Balanced** | Seimbang |
| **Bitter** | Pahit |
| **Calories** | Kalori |
| **Carbohydrates** | Karbohidrat |
| **Diet** | Diet |
| **Digestion** | Pencernaan |
| **Edible** | Bisa Dimakan |
| **Fermentation** | Fermentasi |
| **Flavor** | Rasa |
| **Habits** | Kebiasaan |
| **Health** | Kesehatan |
| **Healthy** | Sehat |
| **Nutrient** | Gizi |
| **Proteins** | Protein |
| **Quality** | Kualitas |
| **Sauce** | Saus |
| **Toxin** | Racun |
| **Vitamin** | Vitamin |
| **Weight** | Berat |

## Ocean
### Samudra

| | |
|---|---|
| **Algae** | Alga |
| **Coral** | Karang |
| **Crab** | Kepiting |
| **Dolphin** | Lumba-Lumba |
| **Eel** | Belut |
| **Fish** | Ikan |
| **Jellyfish** | Ubur-Ubur |
| **Octopus** | Gurita |
| **Oyster** | Tiram |
| **Reef** | Terumbu |
| **Salt** | Garam |
| **Seaweed** | Rumput Laut |
| **Shark** | Hiu |
| **Shrimp** | Udang |
| **Sponge** | Spons |
| **Storm** | Badai |
| **Tuna** | Tuna |
| **Turtle** | Penyu |
| **Waves** | Ombak |
| **Whale** | Paus |

## Philanthropy
### Kedermawanan

| | |
|---|---|
| **Challenges** | Tantangan |
| **Charity** | Amal |
| **Children** | Anak |
| **Community** | Komunitas |
| **Contacts** | Kontak |
| **Donate** | Menyumbangkan |
| **Finance** | Keuangan |
| **Funds** | Dana |
| **Global** | Global |
| **Goals** | Tujuan |
| **Groups** | Kelompok |
| **History** | Sejarah |
| **Honesty** | Kejujuran |
| **Humanity** | Kemanusiaan |
| **Mission** | Misi |
| **Need** | Membutuhkan |
| **People** | Rakyat |
| **Programs** | Program |
| **Public** | Umum |
| **Youth** | Pemuda |

## Photography
### Fotografi

| | |
|---|---|
| **Black** | Hitam |
| **Camera** | Kamera |
| **Color** | Warna |
| **Composition** | Komposisi |
| **Contrast** | Kontras |
| **Darkness** | Kegelapan |
| **Definition** | Definisi |
| **Exhibition** | Pameran |
| **Format** | Format |
| **Frame** | Bingkai |
| **Lighting** | Pencahayaan |
| **Object** | Objek |
| **Perspective** | Perspektif |
| **Portrait** | Potret |
| **Shadows** | Bayangan |
| **Soften** | Melunakkan |
| **Subject** | Subjek |
| **Texture** | Tekstur |
| **View** | Melihat |
| **Visual** | Visual |

## Physics
### Fisika

| | |
|---|---|
| Acceleration | Akselerasi |
| Atom | Atom |
| Chaos | Kekacauan |
| Chemical | Bahan Kimia |
| Density | Kepadatan |
| Electron | Elektron |
| Engine | Mesin |
| Expansion | Ekspansi |
| Formula | Rumus |
| Frequency | Frekuensi |
| Gas | Gas |
| Magnetism | Magnetisme |
| Mass | Massa |
| Mechanics | Mekanika |
| Molecule | Molekul |
| Nuclear | Nuklir |
| Particle | Partikel |
| Relativity | Relativitas |
| Universal | Universal |
| Velocity | Kecepatan |

## Plants
### Tanaman

| | |
|---|---|
| Bamboo | Bambu |
| Bean | Kacang |
| Berry | Berry |
| Botany | Botani |
| Bush | Semak |
| Cactus | Kaktus |
| Fertilizer | Pupuk |
| Flora | Flora |
| Flower | Bunga |
| Foliage | Dedaunan |
| Forest | Hutan |
| Garden | Kebun |
| Grass | Rumput |
| Ivy | Ivy |
| Moss | Lumut |
| Petal | Kelopak |
| Root | Akar |
| Stem | Batang |
| Tree | Pohon |
| Vegetation | Vegetasi |

## Professions #1
### Profesi # 1

| | |
|---|---|
| Ambassador | Duta Besar |
| Astronomer | Astronom |
| Attorney | Pengacara |
| Banker | Bankir |
| Cartographer | Kartografer |
| Coach | Pelatih |
| Dancer | Penari |
| Doctor | Dokter |
| Editor | Editor |
| Geologist | Ahli Geologi |
| Hunter | Hunter |
| Jeweler | Perhiasan |
| Musician | Musisi |
| Nurse | Perawat |
| Pianist | Pianis |
| Plumber | Tukang Ledeng |
| Psychologist | Psikolog |
| Sailor | Pelaut |
| Tailor | Penjahit |
| Veterinarian | Dokter Hewan |

## Professions #2
### Profesi # 2

| | |
|---|---|
| Astronaut | Astronot |
| Biologist | Ahli Biologi |
| Dentist | Dokter Gigi |
| Detective | Detektif |
| Engineer | Insinyur |
| Farmer | Petani |
| Gardener | Tukang Kebun |
| Illustrator | Ilustrator |
| Inventor | Penemu |
| Journalist | Wartawan |
| Librarian | Pustakawan |
| Linguist | Ahli Bahasa |
| Painter | Pelukis |
| Philosopher | Filsuf |
| Photographer | Fotografer |
| Physician | Dokter |
| Pilot | Pilot |
| Surgeon | Ahli Bedah |
| Teacher | Guru |
| Zoologist | Zoologi |

## Psychology
### Psikologi

| | |
|---|---|
| Appointment | Janji |
| Assessment | Penilaian |
| Behavior | Perilaku |
| Clinical | Klinis |
| Cognition | Kognisi |
| Conflict | Konflik |
| Dreams | Mimpi |
| Ego | Ego |
| Emotions | Emosi |
| Experiences | Pengalaman |
| Ideas | Ide |
| Influences | Pengaruh |
| Perception | Persepsi |
| Personality | Kepribadian |
| Problem | Masalah |
| Reality | Realitas |
| Sensation | Sensasi |
| Therapy | Terapi |
| Thoughts | Pikiran |
| Unconscious | Bawah Sadar |

## Restaurant #2
### Restoran #2

| | |
|---|---|
| Beverage | Minuman |
| Cake | Kue |
| Chair | Kursi |
| Delicious | Lezat |
| Dinner | Makan Malam |
| Eggs | Telur |
| Fish | Ikan |
| Fork | Garpu |
| Fruit | Buah |
| Ice | Es |
| Lunch | Makan Siang |
| Noodles | Mie |
| Salad | Salad |
| Salt | Garam |
| Soup | Sup |
| Spices | Rempah-Rempah |
| Spoon | Sendok |
| Vegetables | Sayuran |
| Waiter | Pelayan |
| Water | Air |

## Science
### Sains

| | |
|---|---|
| **Atom** | Atom |
| **Chemical** | Bahan Kimia |
| **Climate** | Iklim |
| **Data** | Data |
| **Evolution** | Evolusi |
| **Experiment** | Percobaan |
| **Fact** | Fakta |
| **Fossil** | Fosil |
| **Gravity** | Gravitasi |
| **Hypothesis** | Hipotesis |
| **Laboratory** | Laboratorium |
| **Method** | Metode |
| **Minerals** | Mineral |
| **Molecules** | Molekul |
| **Nature** | Alam |
| **Organism** | Organisme |
| **Particles** | Partikel |
| **Physics** | Fisika |
| **Plants** | Tanaman |
| **Scientist** | Ilmuwan |

## Science Fiction
### Fiksi Ilmiah

| | |
|---|---|
| **Atomic** | Atom |
| **Books** | Buku |
| **Chemicals** | Bahan Kimia |
| **Cinema** | Bioskop |
| **Dystopia** | Distopia |
| **Explosion** | Ledakan |
| **Extreme** | Ekstrem |
| **Fantastic** | Fantastis |
| **Fire** | Api |
| **Futuristic** | Futuristik |
| **Galaxy** | Galaksi |
| **Illusion** | Ilusi |
| **Imaginary** | Imajiner |
| **Mysterious** | Gaib |
| **Oracle** | Oracle |
| **Planet** | Planet |
| **Robots** | Robot |
| **Technology** | Teknologi |
| **Utopia** | Utopia |
| **World** | Dunia |

## Scientific Disciplines
### Disiplin Ilmiah

| | |
|---|---|
| **Anatomy** | Anatomi |
| **Archaeology** | Arkeologi |
| **Astronomy** | Astronomi |
| **Biochemistry** | Biokimia |
| **Biology** | Biologi |
| **Botany** | Botani |
| **Chemistry** | Kimia |
| **Ecology** | Ekologi |
| **Geology** | Geologi |
| **Immunology** | Imunologi |
| **Kinesiology** | Kinesiologi |
| **Linguistics** | Linguistik |
| **Mechanics** | Mekanika |
| **Mineralogy** | Mineralogi |
| **Neurology** | Neurologi |
| **Physiology** | Fisiologi |
| **Psychology** | Psikologi |
| **Sociology** | Sosiologi |
| **Thermodynamics** | Termodinamika |
| **Zoology** | Zoologi |

## Shapes
### Bentuk

| | |
|---|---|
| **Arc** | Arc |
| **Circle** | Lingkaran |
| **Cone** | Kerucut |
| **Corner** | Sudut |
| **Cube** | Kubus |
| **Curve** | Kurva |
| **Cylinder** | Silinder |
| **Edges** | Tepi |
| **Ellipse** | Elips |
| **Hyperbola** | Hiperbola |
| **Line** | Garis |
| **Oval** | Oval |
| **Polygon** | Poligon |
| **Prism** | Prisma |
| **Pyramid** | Piramida |
| **Round** | Bulat |
| **Side** | Sisi |
| **Sphere** | Bola |
| **Square** | Persegi |
| **Triangle** | Segitiga |

## Spices
### Rempah-Rempah

| | |
|---|---|
| **Anise** | Anise |
| **Bitter** | Pahit |
| **Cardamom** | Kapulaga |
| **Cinnamon** | Kayu Manis |
| **Clove** | Cengkeh |
| **Coriander** | Ketumbar |
| **Cumin** | Jinten |
| **Curry** | Kari |
| **Fennel** | Adas |
| **Fenugreek** | Fenugreek |
| **Flavor** | Rasa |
| **Garlic** | Bawang Putih |
| **Ginger** | Jahe |
| **Nutmeg** | Pala |
| **Onion** | Bawang |
| **Paprika** | Paprika |
| **Saffron** | Kunyit |
| **Salt** | Garam |
| **Sweet** | Manis |
| **Vanilla** | Vanila |

## The Company
### Perusahaan

| | |
|---|---|
| **Business** | Bisnis |
| **Creative** | Kreatif |
| **Decision** | Keputusan |
| **Employment** | Pekerjaan |
| **Global** | Global |
| **Industry** | Industri |
| **Innovative** | Inovatif |
| **Investment** | Investasi |
| **Possibility** | Kemungkinan |
| **Presentation** | Presentasi |
| **Product** | Produk |
| **Professional** | Profesional |
| **Progress** | Kemajuan |
| **Quality** | Kualitas |
| **Reputation** | Reputasi |
| **Resources** | Sumber Daya |
| **Revenue** | Pendapatan |
| **Risks** | Risiko |
| **Trends** | Tren |
| **Units** | Unit |

## The Media
### Media

| | |
|---|---|
| Advertisements | Iklan |
| Attitudes | Sikap |
| Commercial | Komersial |
| Communication | Komunikasi |
| Digital | Digital |
| Edition | Edisi |
| Education | Pendidikan |
| Facts | Fakta |
| Funding | Pendanaan |
| Individual | Individu |
| Industry | Industri |
| Intellectual | Intelektual |
| Local | Lokal |
| Magazines | Majalah |
| Network | Jaringan |
| Newspapers | Koran |
| Online | Daring |
| Opinion | Pendapat |
| Public | Umum |
| Radio | Radio |

## Time
### Waktu

| | |
|---|---|
| Annual | Tahunan |
| Before | Sebelum |
| Calendar | Kalender |
| Century | Abad |
| Day | Hari |
| Decade | Dasawarsa |
| Early | Dini |
| Future | Masa Depan |
| Hour | Jam |
| Minute | Menit |
| Month | Bulan |
| Morning | Pagi |
| Night | Malam |
| Noon | Siang |
| Now | Sekarang |
| Soon | Segera |
| Today | Hari Ini |
| Week | Minggu |
| Year | Tahun |
| Yesterday | Kemarin |

## To Fill
### Untuk Mengisi

| | |
|---|---|
| Bag | Tas |
| Barrel | Barel |
| Basin | Baskom |
| Basket | Keranjang |
| Bottle | Botol |
| Box | Kotak |
| Bucket | Ember |
| Carton | Karton |
| Crate | Peti |
| Drawer | Laci |
| Envelope | Amplop |
| Folder | Map |
| Jar | Jar |
| Packet | Paket |
| Pocket | Saku |
| Suitcase | Koper |
| Tray | Baki |
| Tube | Tabung |
| Vase | Vas |
| Vessel | Kapal |

## Town
### Kota

| | |
|---|---|
| Airport | Bandara |
| Bakery | Toko Roti |
| Bank | Bank |
| Bookstore | Toko Buku |
| Cafe | Kafe |
| Cinema | Bioskop |
| Clinic | Klinik |
| Florist | Florist |
| Gallery | Galeri |
| Hotel | Hotel |
| Library | Perpustakaan |
| Market | Pasar |
| Museum | Museum |
| Pharmacy | Farmasi |
| School | Sekolah |
| Stadium | Stadion |
| Store | Toko |
| Supermarket | Supermarket |
| Theater | Teater |
| University | Universitas |

## Universe
### Universe

| | |
|---|---|
| Asteroid | Asteroid |
| Astronomer | Astronom |
| Astronomy | Astronomi |
| Atmosphere | Suasana |
| Cosmic | Kosmik |
| Darkness | Kegelapan |
| Eon | Eon |
| Equator | Khatulistiwa |
| Galaxy | Galaksi |
| Hemisphere | Belahan Bumi |
| Horizon | Horison |
| Latitude | Garis Lintang |
| Moon | Bulan |
| Orbit | Orbit |
| Sky | Langit |
| Solar | Surya |
| Solstice | Solstice |
| Telescope | Teleskop |
| Visible | Terlihat |
| Zodiac | Zodiak |

## Vacation #2
### Liburan #2

| | |
|---|---|
| Airport | Bandara |
| Beach | Pantai |
| Camping | Camping |
| Destination | Tujuan |
| Foreign | Asing |
| Foreigner | Orang Asing |
| Holiday | Liburan |
| Hotel | Hotel |
| Island | Pulau |
| Journey | Perjalanan |
| Leisure | Rekreasi |
| Map | Peta |
| Mountains | Gunung |
| Passport | Paspor |
| Sea | Laut |
| Taxi | Taksi |
| Tent | Tenda |
| Train | Kereta |
| Transportation | Transportasi |
| Visa | Visa |

## Vegetables
### Sayuran

| | |
|---|---|
| **Artichoke** | Artichoke |
| **Broccoli** | Brokoli |
| **Carrot** | Wortel |
| **Cauliflower** | Kembang Kol |
| **Celery** | Seledri |
| **Cucumber** | Mentimun |
| **Eggplant** | Terong |
| **Garlic** | Bawang Putih |
| **Ginger** | Jahe |
| **Mushroom** | Jamur |
| **Olive** | Zaitun |
| **Onion** | Bawang |
| **Parsley** | Peterseli |
| **Pea** | Kacang |
| **Pumpkin** | Labu |
| **Salad** | Salad |
| **Shallot** | Bawang Merah |
| **Spinach** | Bayam |
| **Tomato** | Tomat |
| **Turnip** | Lobak |

## Vehicles
### Kendaraan

| | |
|---|---|
| **Airplane** | Pesawat |
| **Ambulance** | Ambulans |
| **Bicycle** | Sepeda |
| **Boat** | Perahu |
| **Bus** | Bis |
| **Car** | Mobil |
| **Caravan** | Kafilah |
| **Engine** | Mesin |
| **Ferry** | Feri |
| **Helicopter** | Helikopter |
| **Motor** | Motor |
| **Raft** | Rakit |
| **Rocket** | Roket |
| **Scooter** | Skuter |
| **Shuttle** | Shuttle |
| **Submarine** | Kapal Selam |
| **Taxi** | Taksi |
| **Tires** | Ban |
| **Tractor** | Traktor |
| **Truck** | Truk |

## Visual Arts
### Seni Visual

| | |
|---|---|
| **Architecture** | Arsitektur |
| **Artist** | Artis |
| **Ceramics** | Keramik |
| **Chalk** | Kapur |
| **Charcoal** | Arang |
| **Clay** | Tanah Liat |
| **Composition** | Komposisi |
| **Creativity** | Kreativitas |
| **Easel** | Penyangga |
| **Film** | Film |
| **Masterpiece** | Mahakarya |
| **Painting** | Lukisan |
| **Pen** | Pena |
| **Pencil** | Pensil |
| **Perspective** | Perspektif |
| **Photograph** | Foto |
| **Portrait** | Potret |
| **Sculpture** | Patung |
| **Varnish** | Pernis |
| **Wax** | Lilin |

## Weather
### Cuaca

| | |
|---|---|
| **Atmosphere** | Suasana |
| **Calm** | Tenang |
| **Climate** | Iklim |
| **Cloud** | Awan |
| **Drought** | Kekeringan |
| **Dry** | Kering |
| **Flood** | Banjir |
| **Fog** | Kabut |
| **Ice** | Es |
| **Lightning** | Petir |
| **Monsoon** | Musim |
| **Polar** | Kutub |
| **Rainbow** | Pelangi |
| **Sky** | Langit |
| **Storm** | Badai |
| **Temperature** | Suhu |
| **Thunder** | Guntur |
| **Tornado** | Tornado |
| **Tropical** | Tropis |
| **Wind** | Angin |

# Congratulations

**You made it!**

We hope you enjoyed this book as much as we enjoyed making it. We do our best to make high quality games.
These puzzles are designed in a clever way for you to learn actively while having fun!

Did you love them?

-------

## A Simple Request

Our books exist thanks your reviews. Could you help us by leaving one now?

Here is a short link which will take you to your order review page:

BestBooksActivity.com/Review50

# MONSTER CHALLENGE!

## Challenge #1

Ready for Your Bonus Game? We use them all the time but they are not so easy to find. Here are **Synonyms**!

Note 5 words you discovered in each of the Puzzles noted below (#21, #36, #76) and try to find 2 synonyms for each word.

### Note 5 Words from *Puzzle 21*

| Words | Synonym 1 | Synonym 2 |
|-------|-----------|-----------|
|       |           |           |
|       |           |           |
|       |           |           |
|       |           |           |
|       |           |           |

### Note 5 Words from *Puzzle 36*

| Words | Synonym 1 | Synonym 2 |
|-------|-----------|-----------|
|       |           |           |
|       |           |           |
|       |           |           |
|       |           |           |
|       |           |           |

### Note 5 Words from *Puzzle 76*

| Words | Synonym 1 | Synonym 2 |
|-------|-----------|-----------|
|       |           |           |
|       |           |           |
|       |           |           |
|       |           |           |
|       |           |           |

# Challenge #2

Now that you are warmed-up, note 5 words you discovered in each Puzzle noted below (#9, #17, #25) and try to find 2 antonyms for each word. How many lines can you do in 20 minutes?

### Note 5 Words from **Puzzle 9**

| Words | Antonym 1 | Antonym 2 |
|---|---|---|
|  |  |  |
|  |  |  |
|  |  |  |
|  |  |  |
|  |  |  |

### Note 5 Words from **Puzzle 17**

| Words | Antonym 1 | Antonym 2 |
|---|---|---|
|  |  |  |
|  |  |  |
|  |  |  |
|  |  |  |
|  |  |  |

### Note 5 Words from **Puzzle 25**

| Words | Antonym 1 | Antonym 2 |
|---|---|---|
|  |  |  |
|  |  |  |
|  |  |  |
|  |  |  |
|  |  |  |

# Challenge #3

Wonderful, this monster challenge is nothing to you!

Ready for the last one? Choose your 10 favorite words discovered in any of the Puzzles and note them below.

| | |
|---|---|
| 1. | 6. |
| 2. | 7. |
| 3. | 8. |
| 4. | 9. |
| 5. | 10. |

Now, using these words and within a maximum of six sentences, your challenge is to compose a text about a person, animal or place that you love!

*Tip: You can use the last blank page of this book as a draft!*

## Your Writing:

# Explore a Unique Store
## Set Up **FOR YOU!**

**BestActivityBooks.com/TheStore**

Designed for Entertainment!

Light Up Your Brain With Unique **Gift Ideas**.

Access **Surprising** And **Essential Supplies!**

CHECK OUT OUR MONTHLY SELECTION NOW!

**- Expertly Crafted Products -**

# NOTEBOOK:

# SEE YOU SOON!

*Linguas Classics Team*

ENJOY FREE GAMES

NOW ON

↓

BESTACTIVITYBOOKS.COM/FREEGAMES

www.ingramcontent.com/pod-product-compliance
Lightning Source LLC
Chambersburg PA
CBHW082151120626
46553CB00010B/2852